ESSEN & GENIESSEN

Wild
Die besten Genießerrezepte

© Naumann & Göbel Verlagsgesellschaft mbH in der
VEMAG Verlags- und Medien Aktiengesellschaft, Köln
Fotos und Gesamtherstellung: Naumann & Göbel Verlagsgesellschaft mbH, Köln
Alle Rechte vorbehalten
ISBN: 3-625-11141-1

ESSEN & GENIESSEN

Wild
Die besten Genießerrezepte

NAUMANN & GÖBEL

Inhaltsverzeichnis

Warenkunde ....Seite 6–11

Wild ....Seite 12–85

Suppen und Terrinen 12

Feine Wildrahmsuppe............14
Rehleberparfait 15
Hirschklößchen-Bouillon 16
Wildschweinpastete 17
Wildsülze mit Senf-Sauce 18
Charlotte vom Kaninchen 20
Samtsüppchen vom Hirsch 20
Kaninchenleberparfait............22
Wildschwein-Rillettes 23

Klassische große Braten 24

Marinierte Hirschkeule 26
Hasenfilets in Kürbissauce 27
Kaninchen auf italienisch 28
Kaninchen in Basilikumsauce ..30
Kaninchen in Bärlauchsauce ..30
Rehnüsschen mit Kräutern 32
Kaninchen in Senfsauce..........33
Schweinsnacken mit Kraut 34
Kaninchen in Rotwein............35
Hirsch mit Preiselbeerschaum..36
Hase in Sahne 38
Rehkeule bürgerlich 38
Wildschweinfilet 40
Hase nach Winzer-Art 41
Wildschweinrücken 42
Kaninchenrücken in Teig 43
Gefüllte Hirschbrust..............44
Hasenkeulen mit Knoblauch ..44
Hirschrücken in der Kruste 46
Rehblatt in Buttermilch 48
Rehkeule mit Kräutern 50
Geschmorte Hasenkeulen 51
Rehrücken 52
Hirschkeule klassisch 53

Kleine, feine Gerichte 54

Kaninchenragout 56
Hasenrücken........................57
Fruchtige Hirschsteaks 58
Rehfiletscheiben auf Toast 58
Avocadosalat mit Rehfilet 60
Salat mit Hasenfilet 62
Kaninchensalat „Hubertus" ..63
Hasenmedaillons 64
Rehleber mit Carpaccio..........65
Kaninchen mit Artischocken ..66
Hirschleber Waldhüterart 66
Kaninchenfilets.....................68
Hirschstrudel mit Porree 70
Hackbällchen 71
Würziger Hasentopf 72
Italienischer Kaninchensalat ..73
Hirschgulasch......................74
Wildschweinkoteletts 74
Pikante Leberspieße 76
Lasagne mit Wild 77
Gegrillte Wildburger..............78
Rehschnitzel 79
Reisfleisch 80
Hirschpfeffer 82
Gefüllte Hirschsteaks 82
Rehnüsschen 84
Gratinierte Hirschkoteletts 85

Wildgeflügel........Seite 86–159

Suppen und Pasteten 86

Gänseleber-Pastete 88
Fasanensuppe 90
Leberpastete mit Walnüssen ..91
Rotkohlsuppe mit Fasan 92
Entenleberparfait 93
Fasanensuppe mit Linsen 94
Wildgeflügelpastete 94
Fasanen-Wirsing-Pastetchen..96
Gänselebersuppe 98
Fasanensuppe mit Gemüse 99

Klassische Braten 100

Wildente im Mantel 102
Fasan mit Holunderbeeren ..103
Fasan à la Normandie 104
Rebhuhn mit Balsamico 104
Wachteln 106
Apulische Rebhühner 107
Marinierter Fasan 108
Gefüllter Fasan „Toscana" ..109
Fasan mit Sprossengemüse ..110
Ente mit Walnüssen 112
Petersburger Fasan 112
Knusprige Gänsekeulen 114
Flambierte Martinsgans 115
Fasan auf Porree 116
Rebhuhn mit Oliven 117
Fasan mit Äpfeln..................118
Gans mit Wirsing 118
Ente mit Oliven 120
Wachteln im Speckmantel 121
Wildente mit Honigkruste ..122
Rebhuhn mit Äpfeln 124
Süß-saure Gänsekeulen 124
Römischer Wachteln-Topf ..126
Gans mit Füllung 127

Schnelle Pfannengerichte 128

Blattsalat mit Wachtelbrust ..130
Wildgeflügelleber 131
Fasanenbrust im Pilzbett......132
Entensalat............................132
Gänsebrust mit Chinakohl ..134
Wachtelhäppchen 135
Wachtelbrust mit Kirschen ..136
Entenbrust in Fladenbrot 137
Entenbrust mit Birnen 138
Fasan mit Buchweizen..........140
Gänsefilet mit Orangen........140
Schnelle Wachtelpfanne 142
Wildentenbrust mit Chili 143
Endivienfasanenbrüstchen ..144
Entengeschnetzeltes 145
Fasanenragout mit Morcheln..146
Gänsekeulen mit Feigen 146
Ente, Zwiebeln und Äpfeln ..148
Wachteln mit Trauben 150
Ungarische Gänsekeulen......151
Entenbrüstchen mit Minze ..152
Wachteln mit Steinpilzen 153
Entenbrust auf Sauerkraut....154
Entenbrust mit Weingelee 154
Salat mit Entenbrust 156
Paprikagans mit Mango 158
Italienische Gänsekeulen......159

Rezeptregister..........Seite 160

Ganz schön wild

Rehrücken, Hirschragout und Hasenpfeffer sind klassische Wildgerichte, die bei uns seit jeher ihren Stammplatz bei festlichen Anlässen haben. Daneben hat sich jedoch eine moderne Wildküche entwickelt mit leichten Gerichten. Das Wild wird mal kurz gebraten, mal sanft geschmort oder gegrillt.

Unser heimisches Wild eignet sich bestens für zarte und für herzhafte Aromen, sowohl mediterran als auch exotisch gewürzt. Es ist schmackhaft, nährstoffreich und kalorienarm, fettarm und gesund. Wild ist ein ideales Lebensmittel für gesundheitsbewusste Genießer, denn das Fleisch von Wildtieren ist fett- und cholesterinarm und gleichzeitig ein ausgezeichneter Eiweißlieferant. Es enthält reichlich wichtige Mineralstoffe, unter anderem Kalium, Phosphor und Eisen sowie wertvolle Vitamine der B-Gruppe.

Wild in bester Qualität können Sie in der Saison frisch beim Jäger, beim Wildbrethändler oder beim Metzger kaufen. Tiefgefroren finden Sie es je nach Wildart fast das ganze Jahr über im Supermarkt.

Wildgeflügel

Wildgeflügel aller Art ergibt relativ kleine, aber umso feinere Braten und Schmorgerichte.

Die Wachtel ist das kleinste Feldhuhn. Sie wird bis zu 18 cm lang und erreicht ein Gewicht von ca. 120 g. In den Handel kommt sie weitgehend als Zuchtform, frisch und küchenfertig vorbereitet.

Wildenten sind nicht so fleischig wie Hausenten, jedoch fettärmer und deutlich aromatischer als diese. Junge Enten haben noch sehr dünne Schwimmhäute, die hell orangefarben sind.

Feinschmecker stufen das Fleisch der Fasanenhähne höher ein als das der Hennen. Junge Fasanenhähne haben einen kegelförmigen und stumpfen, ältere Hähne einen spitzen und langen Sporn. Bei Hennen dagegen ist er kaum ausgebildet. Junge Fasane haben ein biegsames Brustbein und zartes, wohlschmeckendes Fleisch. Das Fleisch der älteren Fasane ist dagegen häufig trocken und zäh. Es hat jedoch einen ausgeprägten Geschmack und eignet sich deswegen gut für Brühen und Farcen.

Gänse werden als Zuchtform frisch oder tiefgefroren angeboten. Sie haben kräftiges, aromatisches Geflügelfleisch. Da sie zum Wassergeflügel gehören, können sie unter der Haut relativ viel Fett besitzen. Deshalb sollten Sie während des Bratens die Haut einige Male mit einer Nadel einstechen, damit das Fett beim Braten austreten kann. Sie können es während oder nach dem Braten entfernen. Wenn Sie das Fett anschließend erkalten lassen, erhalten Sie einen köstlichen Brotaufstrich.

Wild

Hase und Wildkaninchen unterscheiden sich deutlich in Gewicht und Fellfarbe. Wildkaninchen und Hasen können im Ganzen, aber auch in Teilstücken zubereitet werden. Junge Hasen und Wildkaninchen, die noch nicht abgezogen sind, erkennt man an dem noch weichen Fell, den dicken Gelenken, den kleinen vom Fell verdeckten Krallen und dem kurzen Hals. Wildkaninchenfleisch ist hell, zart-rosa gefärbt, von zarter Struktur und hat ein süßliches Aroma. Es unterscheidet sich deutlich von Hasenfleisch. Die Zubereitung ist mit derjenigen von Hasen identisch. Wildkaninchenfleisch hat allerdings eine kürzere Garzeit und ist vielseitiger verwendbar.

Hochwertige Teilstücke wie Keulen und Rücken vom Wildhasen eignen sich am besten zum Braten. Aus Schulter, Rippen und Bauchlappen lassen sich herrliche Ragouts und Schmortöpfe zubereiten.

Bei jungen Hasen ist das Fleisch bis zum Alter von acht Monaten intensiv rot gefärbt und von besserer Qualität als das dunkelrote Fleisch älterer Tiere. Hasenfleisch hat einen ausgeprägten arteigenen Geschmack.

Auch bei Rehen und Hirschen ist das Fleisch von jungen Tieren aufgrund seiner Zartheit und seiner kurzen Garzeit am begehrtesten. Fleisch von älteren Tieren braucht deutlich längere Garzeiten und eignet sich besonders gut für Schmorgerichte. Rehfleisch ist dunkelrot und kurzfaserig. Es hat einen sehr feinen, delikaten Geschmack.

Der Hirsch hat eher rotbraunes Fleisch. Es ist von kräftigerem Geschmack als Rehfleisch. Die Hirschkeule hat deutlich mehr Gewicht als eine Rehkeule, 8 kg sind z.B. keine Seltenheit. Die Keulen dieser Wildarten lassen sich optimal zerlegen. Die Oberschale und die Unterschale eignen sich gut als Bratenstücke. Fleisch von jungen Tieren lässt sich zu Steaks oder Schnitzeln schneiden und kann gebraten oder gegrillt werden. Die Nuss lässt sich im Ganzen braten oder ebenfalls zu Steaks schneiden. Kenner verarbeiten dieses Stück gern zu Schinken. Das Fleisch vom Unterschenkel, von Hals, Schulter und Rippenbogen eignet sich klein geschnitten für würziges Gulasch. Der Hals des Tieres lässt sich gut zum Schmoren verwenden, ausgelöst lässt er sich füllen.

Der Reh- oder Hirschrücken wird pariert und entweder im Ganzen gebraten oder die zarten Filets werden herausgelöst. Jeder Rücken hat übrigens 4 Filets. Die echten Filets befinden sich unterhalb des Knochens und sind blitzschnell gar.

Beim Wildschwein ist der Fettanteil höher als bei anderem Wild. Das Fleisch ist dunkelrot, sehr saftig und aromatisch. Wird das Fleisch vom Wildschwein frisch verarbeitet, so sollte man das Fett daran belassen, damit das Fleisch schön saftig und aromatisch bleibt. Will man Fleisch vom Wildschwein allerdings einfrieren, sollte man vorher sämtliches Fett entfernen, denn es kann sehr leicht ranzig werden und den Geschmack des Bratens negativ verändern. Am beliebtesten ist auch hier das Fleisch von jungen Tieren, von Frischlingen und Überläufern. Sind die Tiere älter, wird genau wie bei anderem Wild das Fleisch zäher und braucht deutlich längere Garzeiten. Es eignet sich dann nicht mehr für Kurzgebratenes, sondern nur noch zum Schmoren. Der Rücken des Wildschweins kann im Ganzen gebraten werden, er lässt sich aber auch zu Koteletts schneiden, die kurz gebraten werden. Bei der Keule wird der Beckenknochen vor dem Braten entfernt. Die Haxen des Wildschweins eignen sich zum Schmoren in Eintöpfen. Der Wildschweinnacken wird von Kennern besonders geschätzt. Sein kurzfaseriges Fleisch ergibt einen saftigen Braten.

So wird ein Kaninchen oder Hase portioniert

1. Nachdem Sie die Vorderläufe entlang der Brust im Gelenk abgetrennt haben, schneiden Sie den Brustkorb der Länge nach auf und kürzen Sie Bauchlappen und Rippen parallel zum Rückgrat ein.
2. Trennen Sie danach die beiden Keulen im Bereich der Lendenwirbel vom Rücken ab.
3. Schneiden Sie Bauchfell und Rippen entlang des Rückens ab.
4. Trennen Sie mit einem Beil den Rücken am Hals- und am Schwanzansatz vom Rumpf.

Hasenrücken sollten nur dann von der Sehnenhaut befreit werden, wenn der Rücken von der Oberseite nicht gebraten wird.

So wird ein Reh- oder Hirschrücken pariert

1. Legen Sie den Rücken mit der Unterseite nach oben auf eine Arbeitsfläche. Schneiden Sie zuerst die echten Filets heraus und legen Sie sie beiseite.
2. Drehen Sie den Rücken um und lösen die lockeren Häute mit einem scharfen Messer ab. Heben Sie dafür die Sehne mit einem Zug an und trennen Sie sie hauchdünn ab. Verletzen Sie dabei nicht das Fleisch.
3. Um die oberen Filets auszulösen, schneiden Sie am Rückenstrang entlang und lösen die Filets von den Knochen.
4. Die so ausgelösten Filets anschließend zu kleinen Steaks schneiden.

Das Garen von Wild

Bei Bratenstücken vom Wild sollten Sie immer beachten, dass das Fleisch zum einen nicht austrocknet, zum anderen aber genügend lange erhitzt werden muss, damit eventuell vorhandene Erreger abgetötet werden.
Faustregel: Wild muss mindestens für 10 Minuten eine Kerntemperatur von 80 °C haben.

Das magere Wildfleisch kann bei Temperaturen zwischen -18° C und -30 °C bis zu zwei Jahre tiefgefroren werden. Rücken, Keulen oder Blätter (Vorderläufe) des Hasen und des Kaninchens lassen sich gut tiefkühlen, sollten aber innerhalb von ca. 8 Monaten verbraucht werden.
Fleisch vom Wildschwein sollten Sie dagegen nicht länger als 6 Monate lagern, da es trotz der tiefen Temperaturen ranzig werden kann.

Das Auftauen von tiefgefrorenem Fleisch muss sehr langsam erfolgen, damit möglichst wenig Saft verloren geht. Legen Sie es zum Auftauen am besten in den Kühlschrank.
Wild eignet sich auch zum Grillen, vorausgesetzt Sie legen es vorher in eine Ölmarinade oder umwickeln das Fleisch mit Speck.

Fleisch von älterem Wild eignet sich besonders gut zum Schmoren. Lassen Sie es bei niedriger Temperatur möglichst lange im Backofen oder auf dem Herd schmurgeln, umso würziger schmeckt es.

So wird bardiert oder gespickt

Eine Methode, um das Fleisch vor dem Austrocknen zu schützen, ist das Umwickeln mit Speck (bardieren) oder Spicken mit Streifen von grünem oder gewürztem Speck. Beide Möglichkeiten können aber den Geschmack des Fleisches deutlich beeinflussen. Mit Hilfe einer Spicknadel oder mit einem scharfen spitzen Messer werden die Speckstreifen beim Spicken sehr vorsichtig in das Fleisch gezogen. Nach dem Spicken mit gewürztem Speck sollte man das Fleischstück ca. 1 Stunde ruhen lassen, damit die Gewürze in das Fleisch einziehen können. Gespickt wird heute allerdings kaum noch, denn dabei werden die Fleischfasern verletzt und die Braten können dabei ihren Saft verlieren. Einfacher ist das Bardieren. Dabei wird das Fleischstück im Ganzen oder nur stückweise mit Speckscheiben belegt bzw. umwickelt.

Marinieren oder Beizen?

Während man früher das Wildfleisch beizte oder marinierte, um den Wildgeruch und den Wildgeschmack („Hautgout") des wegen mangelnder Kühlung nur schwer haltbar zu machenden Fleisches zu entfernen, mariniert oder beizt man heute das Wildfleisch nur noch, wenn das Tier schon etwas älter ist oder um dem Fleisch eine interessante Note zu geben. Durch Beizen wird das Fleisch etwas mürber. Mariniert oder gebeizt wird z. B. mit Buttermilch oder mit Rotwein und Gewürzen.

So wird Wildfond zubereitet

Ein guter Wildfond ist die Basis vieler Wildsuppen, -saucen und anderer Wildgerichte. Er wird immer ohne Salz zubereitet und lässt sich sehr gut einfrieren.

Grundrezept Wildfond für 1 1/2 l:

1 1/2 Bund Suppengrün
2 Zwiebeln
etwas Öl zum Anbraten
mindestens 1 kg Wildknochen
ca. 1 kg Wildabschnitte
4 Lorbeerblätter
4 Nelken
12 Wacholderbeeren
1/2 Tl Pfefferkörner
Kräuter nach Belieben

Rösten Sie die zerkleinerten Knochen und das klein gewürfelte Fleisch in einem großen Bräter an. Für einen dunklen Wildfond sehr stark anrösten, für einen hellen Wildfond nur leicht anrösten. Anschließend das klein gewürfelte Suppengrün und die Zwiebeln einige Minuten mitbraten. Alle Gewürze hinzugeben und ca. 2 Minuten mitbraten. 3 Liter Wasser hinzugießen und alles zugedeckt ca. 3 Stunden köcheln lassen. Nach Ablauf der Garzeit den Fond durch ein mit einem Passiertuch ausgelegtes Sieb abgießen.

So wird's eine gute Fasanenbrühe

Bei 2 Fasanen das Fleisch von der Karkasse lösen. Das Brustfleisch beiseite legen und anderweitig verwenden. Die Karkassen zerkleinern und mit wenig Öl in einem Topf kräftig anrösten.
Zerkleinertes Suppengrün mit dem klein geschnittenen Fleisch der Keulen pürieren. 6 verschlagene Eiweiß mit ca. 2 Liter Wildgeflügelfond hinzugießen und aufkochen. Alles offen und ohne zu rühren ca. 1 1/2 Stunde köcheln lassen.
Die Brühe anschließend durch ein Passiertuch abseihen und z. B. mit Sherry abschmecken. Als Einlage schmecken Gemüsestreifen, kleine Klößchen und gehackte Kräuter.

So wird Wildgeflügel tranchiert

1. Zuerst Flügel und Schenkel mit einer Küchenschere abtrennen.
2. Das Brustteil ringsherum abtrennen.
3. Anschließend das Brustfleisch vom Rand zum Brustbein hin lösen. Das ganze Brustteil kann auch am Brustbein entlang halbiert und anschließend portioniert werden.
4. Die Keulen von Gänsen werden aufgrund ihrer Größe zusätzlich im Gelenk durchtrennt.

Suppen und Terrinen

Zur Einstimmung auf das festliche Menü eignen sich Suppen und Terrinen ebenso wie als köstliche Ergänzung des kleinen Abendessens. Mit ihnen lassen sich zu jeder Gelegenheit Akzente setzen.

Feine Wildrahmsuppe

Für 4 Portionen

200 g Kartoffeln ♦ ca. 175 g Wildfleisch ♦ 2 El Öl ♦ 750 ml Wildbrühe ♦ 50 g durchwachsener Speck ♦ 1 Zwiebel ♦ 2 Knoblauchzehen ♦ 1–2 El Cognac ♦ Salz ♦ Pfeffer ♦ 200 ml Sahne ♦ 1 El frisch gehacktes Basilikum ♦ 1 El frisch gehackte Petersilie

Zubereitungszeit: ca. 40 Minuten

pro Portion:
ca. 438 kcal / 1838 kJ
33 g E ♦ 28 g F ♦ 13 g KH

1 Kartoffeln schälen und kochen. Fleisch in feine Streifen schneiden und in heißem Öl ca. 10 Minuten anbraten. Brühe erhitzen und die Kartoffeln in die Brühe reiben. Suppe aufkochen und pürieren.

2 Speck klein würfeln. Zwiebel und Knoblauch schälen und fein hacken. Speck in einem Topf ausbraten, Zwiebel und Knoblauch darin glasig dünsten. Cognac und die pürierte Suppe darunter rühren.

3 Fleischstreifen in der Suppe erwärmen, salzen, pfeffern und abschmecken. Sahne halbsteif schlagen. Suppe mit Sahne und Kräutern garniert servieren.

Rehleberparfait

Für 4 Portionen
200 g Rehleber ♦ 2 El Cognac ♦
2 gewürfelte Schalotten ♦
2 Äpfel ♦ 8 El zerlassene Butter ♦
1/2 Tl getrockneter Majoran ♦
150 ml süße Sahne ♦ 2 Eier ♦
Salz ♦ Pfeffer ♦ frisch geriebene
Muskatnuss ♦ Preiselbeeren
zum Anrichten

Zubereitungszeit: ca. 35 Minuten
(plus Marinier- und Garzeit)

pro Portion:
ca. 408 kcal / 1712 kJ
16 g E ♦ 34 g F ♦ 11 g KH

1 Leber in Würfel schneiden und in Cognac 30 Minuten marinieren. Schalotten und Äpfel schälen und fein würfeln. Die Würfel in 4 El Butter dünsten, mit Majoran bestreuen und abkühlen lassen. Anschließend mit der Leber im Mixer pürieren.

2 Sahne, Eier und restliche Butter unter das Püree schlagen, mit den Gewürzen abschmecken.

3 Masse in eine Terrinenform füllen und im Wasserbad im Backofen bei 100–150 °C ca. 70 Minuten garen. Vor dem Servieren mindestens 6 Stunden kalt stellen und mit Preiselbeeren anrichten.

Sherry-Bouillon mit Hirschklößchen

Für 4 Portionen
1 Scheibe Toastbrot ♦ 125 g geräucherter Hirschschinken ♦ 1/2 Bund frisch gehackte glatte Petersilie ♦ 1 El Butter ♦ 2 Eier ♦ 50–60 g Paniermehl ♦ 4 El Gemüsebrühe (Instant) ♦ 2 El trockener Sherry ♦ Käsestreifen als Einlage

Zubereitungszeit: ca. 25 Minuten (plus Garzeit)

pro Portion:
ca. 198 kcal / 832 kJ
17 g E ♦ 8 g F ♦ 13 g KH

1 Toastbrot in Wasser einweichen. Hirschschinken sehr fein würfeln. Petersilie waschen, Blättchen von den Stielen zupfen und klein hacken.

2 Die Butter zerlassen und das Toastbrot ausdrücken. Die Eier verquirlen. Hirschschinken, flüssige Butter, Toastbrot, 2 El Petersilie und ca. 50 g Paniermehl miteinander verkneten. Mit nassen Händen daraus kleine Klößchen formen.

3 1 Liter Wasser zum Kochen bringen, Gemüsebrühe und Sherry zufügen und aufkochen lassen.

4 Klößchen in die kochende Bouillon geben und ca. 5 Minuten bei geringer Hitze gar ziehen lassen. Sherry-Bouillon auf 4 Teller verteilen, mit Käse und der restlichen Petersilie garniert servieren.

Wildschweinpastete

Für 4 Portionen
750 g Wildschweingulasch ◆
2 El Öl ◆ 4 Wacholderbeeren ◆
175 g fetten Speck ◆ 3 Zwiebeln ◆
Salz ◆ Pfeffer ◆ 50 g Haselnüsse ◆ 50 g Pinienkerne ◆
125 ml Sahne

Zubereitungszeit: ca. 35 Minuten
(plus Backzeit)

pro Portion:
ca. 658 kcal / 2762 kJ
50 g E ◆ 49 g F ◆ 6 g KH

1 1/3 des Fleisches in heißem Öl mit zerdrückten Wacholderbeeren ca. 5 Minuten scharf anbraten, abkühlen lassen. Die Zwiebeln schälen und grob würfeln. Den Speck ebenfalls grob würfeln. Das restliche Fleisch mit Speck, Zwiebeln, angebratenem Fleisch und Bratfett durch den Fleischwolf drehen oder im Mixer pürieren. Die Masse mit Salz und Pfeffer herzhaft würzen.

2 Haselnüsse grob hacken und mit den ganzen Pinienkernen unter die Masse mischen, Sahne unterrühren. Alles in eine Pastetenform füllen und zugedeckt im Backofen bei 175 °C 75–90 Minuten im Wasserbad garen.

3 Pastete auskühlen lassen und vor dem Verzehr mindestens 24 Stunden im Kühlschrank ruhen lassen. Zum Servieren die Pastete in Scheiben schneiden und eine würzige Preiselbeer-Senf-Sauce oder Cumberlandsauce dazu servieren.

Wildsülze mit Preiselbeer-Senf-Sauce

Für 4 Portionen
1 Möhre ♦ 40 g Sellerieknolle ♦ 1/2 Stange Porree ♦ 3 Hasenkeulen (750 g) ♦ Salz ♦ Pfeffer ♦ 1 El Öl ♦ 2 Wacholderbeeren ♦ 1 Tl getrockneter Thymian ♦ 300 ml Wasser ♦ 4 Blatt weiße Gelatine ♦ 125 g Champignons ♦ 2 El Portwein ♦ 2 El Rotweinessig ♦ 1 El Madeira ♦ 1 El Preiselbeerkompott ♦ 4 Tl scharfer Senf

Zubereitungszeit: ca. 60 Minuten (plus Kühlzeit)

pro Portion:
ca. 288 kcal / 1208 kJ
45 g E ♦ 9 g F ♦ 5 g KH

1 Gemüse putzen, waschen und klein schneiden. Hasenkeulen mit Salz und Pfeffer einreiben. Öl in einer Pfanne erhitzen, Keulen von allen Seiten darin kräftig anbraten. Gemüse, Wacholderbeeren und Thymian zugeben. 150 ml Wasser angießen und zugedeckt ca. 30 Minuten schmoren lassen.

2 Gelatine in kaltem Wasser einweichen. Champignons putzen und in dünne Scheiben schneiden. Keulen aus der Pfanne nehmen, Fond durchsieben und aufkochen. Pilzscheiben hinzufügen und einmal aufkochen, mit der Schaumkelle herausheben und abtropfen lassen.

3 Fleisch von den Knochen lösen und klein schneiden. Ausgedrückte Gelatine im lauwarmen Schmorfond auflösen. Portwein, Essig und Madeira zugeben und abschmecken.

4 Pilz- und Fleischscheiben in eine Terrinenform einschichten und mit dem Fond übergießen. Die Sülze über Nacht im Kühlschrank fest werden lassen; zum Servieren stürzen und in Scheiben schneiden. Für die Sauce Preiselbeerkompott mit Senf verrühren und zur Sülze servieren.

Tipp:
Nehmen Sie anstelle des Hasenfleisches einmal Kaninchenfleisch und servieren Sie zur Sülze eine feine Cumberlandsauce.

Charlotte vom Wildkaninchen

Für 4 Portionen
Je 200 g Sellerie und Kartoffeln ♦ 150 ml Gemüsebrühe ♦ 2 El Butter ♦ 6 El Preiselbeermarmelade ♦ 1 El Senf ♦ 4 Crêpes ♦ 2 Kaninchenfilets ♦ 3 El Öl ♦ 100 g Steinchampignons ♦ 1 Schalotte ♦ 1 El gehackte Petersilie ♦ 1 Eigelb ♦ 1 El Semmelbrösel ♦ 1 El Crème fraîche ♦ Pfeffer ♦ Salz

Zubereitungszeit: ca. 40 Minuten (plus Garzeit)

pro Portion:
ca. 518 kcal / 2174 kJ
25 g E ♦ 26 g F ♦ 46 g KH

1 Backofen auf 180 °C vorheizen. Sellerie und Kartoffeln schälen und in Würfel schneiden. Sellerie- und Kartoffelwürfel in Brühe mit 1 El Butter garen und pürieren. 2/3 der Preiselbeeren mit Senf verrühren, auf die Crêpes streichen, aufrollen und in dünne Scheiben schneiden. Timbale-Förmchen einfetten und sorgfältig mit den Crêpesrollenstreifen auskleiden.

2 Fleisch in Würfel schneiden, ca. 2 Minuten in Öl anbraten und herausnehmen. Schalotte schälen und fein würfeln. Pilze putzen, bürsten, klein hacken und mit den Schalotten in Butter andünsten. Petersilie, Eigelb, Semmelbrösel und Crème fraîche zugeben. Pürieren, salzen, pfeffern und Crêpesscheiben damit dünn bestreichen.

3 Fleisch in die Formen geben, mit restlicher Farce bedecken und im vorgeheizten Backofen bei 180 °C ca. 25 Minuten im Wasserbad garen. Herausnehmen, stürzen, auf Salatbett anrichten und mit Chutney servieren.

Samtsüppchen vom Hirsch

Für 4 Portionen
200 g Hirschfilet ♦ 2 El Öl ♦ 750 g Wildfond ♦ 400 ml Sahne ♦ 3–4 El Wermutlikör ♦ 250 g Stockschwämmchen oder Steinpilze ♦ 2 Zwiebeln ♦ 2 El Butter ♦ Salz ♦ frisch gemahlener schwarzer Pfeffer ♦ 100 ml Crème double ♦ 1 Tl frische Thymianblättchen

Zubereitungszeit: ca. 20 Minuten (plus Koch- und Bratzeit)

pro Portion:
ca. 660 kcal / 2772 kJ
31 g E ♦ 55 g F ♦ 10 g KH

1 Hirschfilet in heißem Öl ca. 10 Minuten anbraten und beiseite stellen. Wildfond, Sahne und Wermut auf etwa die Hälfte einkochen. Pilze putzen, bürsten und klein schneiden. Zwiebeln schälen und sehr fein würfeln.

2 Butter erhitzen und Zwiebeln darin glasig werden lassen. Pilze ca. 6 Minuten mitbraten lassen. Mit Salz und Pfeffer würzen. Die Hälfte der Pilze mit der Suppe pürieren.

3 Das Filet in Streifchen schneiden und in der Suppe erwärmen. Suppe einfüllen, mit restlichen Pilzen, Crème double und Thymian garnieren und servieren.

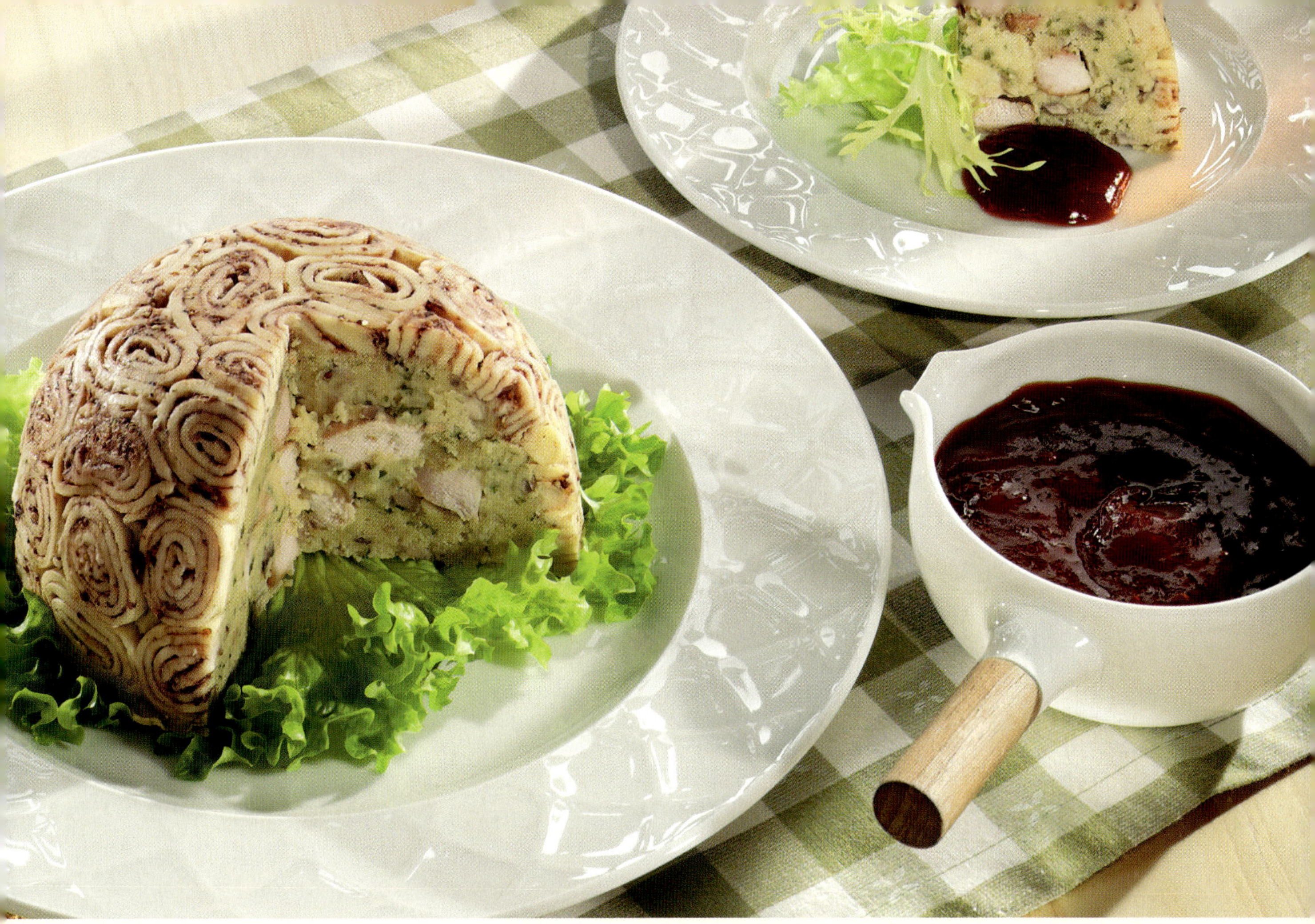

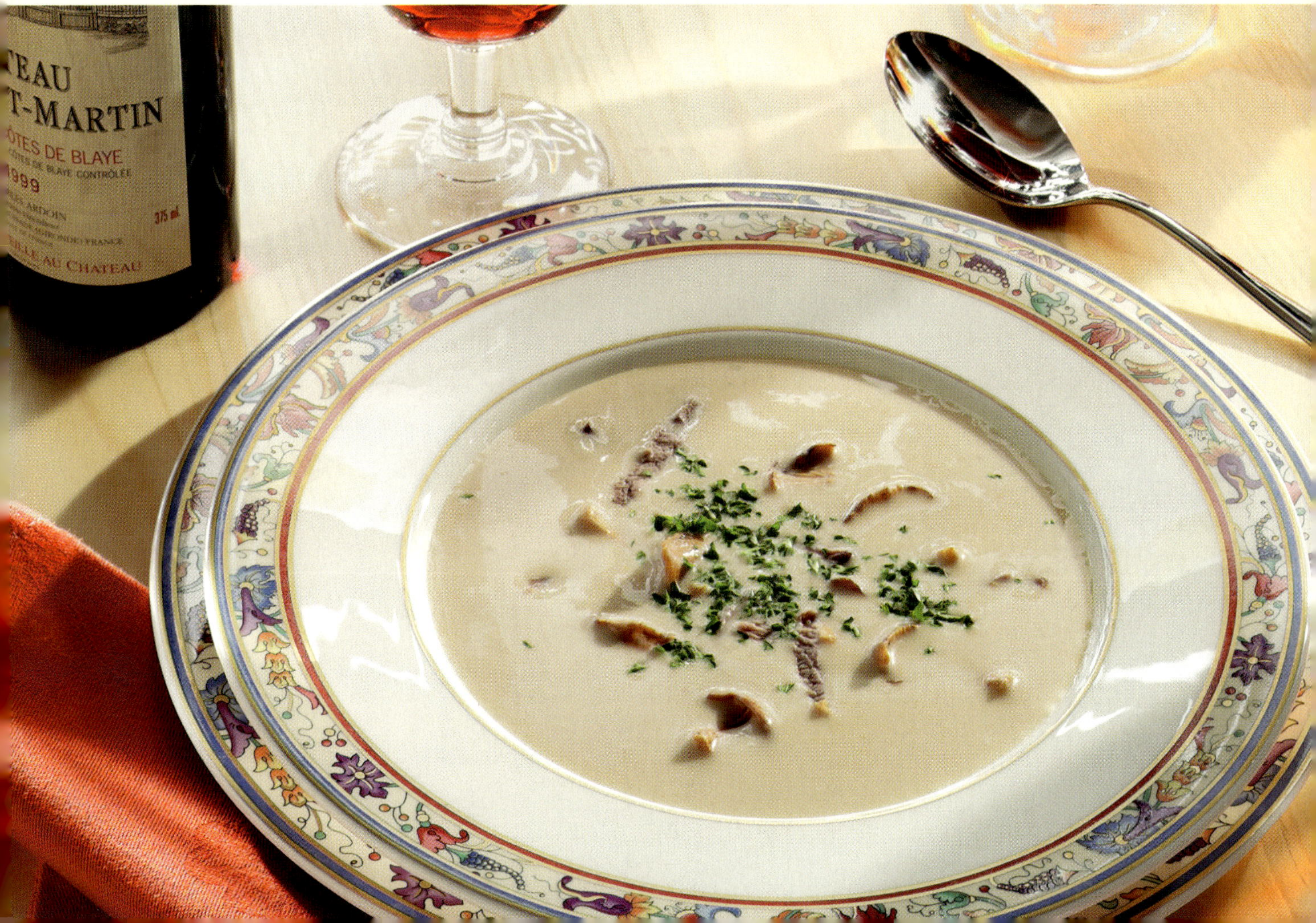
EAU
T-MARTIN
ÔTES DE BLAYE
999

Kaninchenleberparfait mit Balsamessig

Für 4 Portionen
400 g Kaninchenleber ♦
4 Schalotten ♦ 5 El Butter ♦
4 El Balsamico ♦ Salz ♦ Pfeffer ♦
1–2 El saure Sahne ♦ 2 Äpfel ♦
1–2 El Honig ♦ glatte Petersilie zum Garnieren

Zubereitungszeit: ca. 35 Minuten (plus Kühlzeit)

pro Portion:
ca. 245 kcal / 1027 kJ
20 g E ♦ 12 g F ♦ 15 g KH

1 Leber abtupfen und waagerecht halbieren.

2 Schalotten schälen und in hauchdünne Ringe schneiden. Die Hälfte der Schalotten beiseite stellen.

3 2 El Butter erhitzen, Leber und die Hälfte der Schalotten darin ca. 2–4 Minuten braten. Mit dem Balsamico beträufeln, etwas abkühlen lassen.

4 Anschließend pürieren und mit Salz, Pfeffer und saurer Sahne abschmecken. Im Kühlschrank kalt werden lassen.

5 Äpfel schälen, Kerngehäuse ausstechen und Äpfel in dicke Scheiben schneiden.

6 2 El Butter erhitzen, Honig dazugeben und Apfelscheiben darin ca. 1–2 Minuten dünsten. Restliche Schalotten in der restlichen Butter rösten.

7 Nocken vom Leberparfait abstechen und auf den Apfelscheiben anrichten. Mit Petersilie garniert und mit Röstzwiebeln bestreut servieren. Dazu schmeckt Vollkorntoast.

Wildschwein-Rillettes mit rosa Pfeffer

Für 4 Portionen
1,5 kg Wildschweinnacken ♦ 2 Tl Salz ♦ 5 El rosa Pfefferkörner ♦ 4 Zwiebeln ♦ 2 Lorbeerblätter ♦ 250 g frischer Speck ♦ 3 l Wasser ♦ 3 El Gin

Zubereitungszeit: ca. 30 Minuten
(plus Koch- und Kühlzeit)

pro Portion:
ca. 545 kcal / 2289 kJ
86 g E ♦ 18 g F ♦ 7 g KH

1 Fleisch salzen und mit der Hälfte der Pfefferkörner in einen Topf geben. Zwiebeln schälen und grob zerteilt hinzufügen. Lorbeerblätter ebenfalls hinzufügen. Speck sehr fein würfeln und hinzufügen, das Wasser zugießen. Alles zum Kochen bringen und ca. 2–2 1/2 Stunden offen köcheln lassen, bis das Fleisch ganz weich ist.

2 Fleisch etwas abkühlen lassen, von den Knochen lösen und mit 2 Gabeln zerfasern. Die Brühe auf etwa 1/2 Liter einkochen, dann das zerfaserte Fleisch, 1 El Pfefferkörner und den Gin sorgfältig unterrühren.

3 Die Masse in eine Pastetenform füllen (1 1/4 l), wobei die fette Brühe das Fleisch überall bedecken sollte. Mit restlichem rosa Pfeffer bestreuen und abgedeckt im Kühlschrank fest werden lassen.

Klassische große Braten

Wer die wirklich feinen Fleischgerichte liebt, kommt an den großen Braten von Kaninchen, Hase, Reh, Hirsch oder Wildschwein einfach nicht vorbei. Kulinarische Höhepunkte dieser Art werden immer vom Lob für den Koch begleitet.

Marinierte Hirschkeule

Für 4 Portionen
1,2 kg Hirschkeule (küchenfertig, ohne Knochen) ♦ 2 Stangensellerie ♦ 500 ml Weinessig ♦ 3 Knoblauchzehen ♦ 3 Gewürznelken ♦ 1 Prise Zimt ♦ 1 Tl Rosmarin ♦ Salz ♦ 6 Pfefferkörner ♦ 80 g Butter ♦ 2 Zwiebeln ♦ Salz ♦ frisch gemahlener schwarzer Pfeffer ♦ 200 ml Marsala ♦ 125 ml Gemüsebrühe

Zubereitungszeit: ca. 30 Minuten (plus Marinier- und Bratzeit)

pro Portion:
ca. 475 kcal / 1995 kJ
54 g E ♦ 26 g F ♦ 6 g KH

1 Fleisch in einen Gefrierbeutel geben. Sellerie putzen, grob würfeln und mit Essig, geschältem Knoblauch, Gewürznelken, Zimt, Rosmarin, Salz und Pfefferkörnern hinzugeben und den Beutel verschließen. Über Nacht im Kühlschrank marinieren lassen.

2 Hirschkeule herausnehmen, abtropfen lassen und trockentupfen. Zwiebeln schälen und fein würfeln. Die Butter erhitzen und die gewürfelten Zwiebeln sowie das Gemüse aus der Marinade darin anbraten.

3 Das Fleisch hineingeben und braun braten, salzen, pfeffern und mit dem Marsala und der Brühe begießen. Zugedeckt ca. 2 1/2 Stunden langsam schmoren lassen.

4 Die Keule herausnehmen und in Scheiben schneiden. Den Fond durch ein Sieb streichen und zum Fleisch servieren.

Hasenfilets in Kürbissauce

Für 4 Portionen
2 Zweige Majoran ♦ 2 kleine Hasenrücken ♦ 1 El Butterschmalz ♦ Salz ♦ 1 El zerstoßener roter Pfeffer ♦ 300 g Kürbisfleisch ♦ 2 rote Zwiebeln ♦ 3 Orangen ♦ 1 Sternanis ♦ 6 Datteln

Zubereitungszeit: ca. 20 Minuten (plus Bratzeit)

pro Portion:
ca. 280 kcal / 1176 kJ
20 g E ♦ 5 g F ♦ 36 g KH

1 Majoran waschen, trockenschütteln und hacken. Fleisch in Butterschmalz anbraten. Salzen, pfeffern, mit Majoran bestreuen und ca. 30 Minuten schmoren.

2 Kürbis schälen, von Innenfasern befreien und das Fruchtfleisch würfeln. Zwiebeln schälen und hacken. Kürbis mit dem Saft von 2 Orangen, den Zwiebeln und dem Sternanis ca. 30 Minuten garen. Sternanis herausnehmen. Restliche Orange filetieren, Datteln entkernen und in dünne Scheiben schneiden.

3 Kürbis pürieren und mit Datteln und Orangen vermischen. Fleisch herausnehmen, Filets auslösen und anrichten. Kürbissauce in den Fond rühren und zum Filet servieren.

Wildkaninchen auf italienische Art

Für 4 Portionen
1 Wildkaninchen ♦ 3 El Olivenöl ♦ Salz ♦ Pfeffer ♦ 3 Knoblauchzehen ♦ 1 Zwiebel ♦ 2 Fleischtomaten ♦ 2 Stangen Stangensellerie ♦ 1 Aubergine ♦ 100 ml italienischer Rotwein ♦ 2 El gehackte italienische Kräuter (frisch oder TK) ♦ 5 El Mascarpone

Zubereitungszeit: ca. 25 Minuten (plus Bratzeit)

pro Portion:
ca. 445 kcal / 1869 kJ
59 g E ♦ 18 g F ♦ 7 g KH

1 Den Backofen auf 180 °C vorheizen. Kaninchen in Portionsstücke zerteilen. Öl in einer Pfanne oder Kasserolle erhitzen und das Fleisch darin nacheinander rundherum braun anbraten, anschließend salzen und pfeffern.

2 Knoblauch und Zwiebel schälen und fein hacken. Tomaten, Sellerie und Aubergine putzen, waschen und trockentupfen. Bei den Tomaten den Stielansatz entfernen und die Tomaten vierteln. Sellerie entfädeln und die Hälfte des Selleries in dünne Scheiben schneiden, restlichen Sellerie beiseite stellen. Bei der Aubergine den Stielansatz entfernen und das Fruchtfleisch fein würfeln.

3 Gemüse zum Fleisch geben und kurz andünsten. Rotwein und Kräuter ebenfalls dazugeben und alles zugedeckt im Backofen ca. 1 Stunde schmoren. 10 Minuten vor Ende der Garzeit den Mascarpone unterrühren und den Fond mit Salz und Pfeffer abschmecken. Den restlichen Sellerie klein würfeln und vor dem Servieren über den Braten streuen.

Tipp:
Während das Wildkaninchen im Backofen gart, können Sie in der Fettpfanne des Backofens Kartoffelschnitze mit Butter, Meersalz und Rosmarin mitgaren lassen.

Kaninchen in Basilikumsauce

Für 4 Portionen
1 Kaninchen ◆ Salz ◆ frisch gemahlener schwarzer Pfeffer ◆ 3 El Olivenöl ◆ 1 große Knolle Knoblauch ◆ 400 g Tomaten a.d. Dose ◆ 2 Tl getrockneter Rosmarin ◆ 2–3 El schwarze Oliven ◆ 1 Bund Basilikum oder glatte Petersilie

Zubereitungszeit: ca. 15 Minuten (plus Bratzeit)

pro Portion:
ca. 333 kcal / 1397 kJ
30 g E ◆ 23 g F ◆ 3 g KH

1 Das Fleisch in Portionsstücke zerteilen, waschen, salzen und pfeffern. In Öl goldbraun anbraten und herausnehmen.

2 Den Knoblauch schälen, in etwa 1/2 cm dicke Scheiben schneiden und in Öl ca. 2 Minuten goldbraun braten. Fleisch, Tomaten und Rosmarin dazugeben und zugedeckt ca. 45 Minuten schmoren.

3 Nach ca. 30 Minuten die Oliven hinzufügen. Basilikum oder Petersilie waschen, trockenschütteln und hacken. 5 Minuten vor Garzeitende die gehackten Kräuter hineinstreuen. Alles abschmecken und im Topf servieren. Dazu schmecken Salzkartoffeln.

Kaninchen in Bärlauchsauce

Für 4 Portionen
1 Kaninchen ◆ 2 Zwiebeln ◆ 125 ml Weißwein ◆ 400 ml Fleischbrühe ◆ frisch gemahlener schwarzer Pfeffer ◆ Salz ◆ Pfeffer ◆ 2 El Butter ◆ 2 El Mehl ◆ 60 g Bärlauch ◆ 300 ml saure Sahne ◆ Salz ◆ etwas Zitronensaft

Zubereitungszeit: ca. 30 Minuten (plus Kochzeit)

pro Portion:
ca. 435 kcal / 1827 kJ
38 g E ◆ 26 g F ◆ 8 g KH

1 Kaninchen in Portionsstücke zerteilen. Zwiebeln schälen und vierteln. Weißwein und die Hälfte der Fleischbrühe aufkochen. Die Kaninchenstücke mit Zwiebeln, Salz und Pfeffer hineingeben und zugedeckt ca. 1 Stunde köcheln lassen, bis das Fleisch weich ist. Die Fleischstücke herausnehmen und warm stellen.

2 Für die Sauce den Fond durchsieben und mit der restlichen Fleischbrühe zum Kochen bringen. Die Butter mit dem Mehl gut verkneten, in die Sauce einrühren und einige Minuten köcheln lassen.

3 Bärlauch putzen, waschen und in feine Streifen schneiden. Bärlauch und saure Sahne unter die Sauce heben und mit Salz und Zitronensaft abschmecken. Die Fleischstücke in der Sauce nochmals heiß werden lassen und servieren.

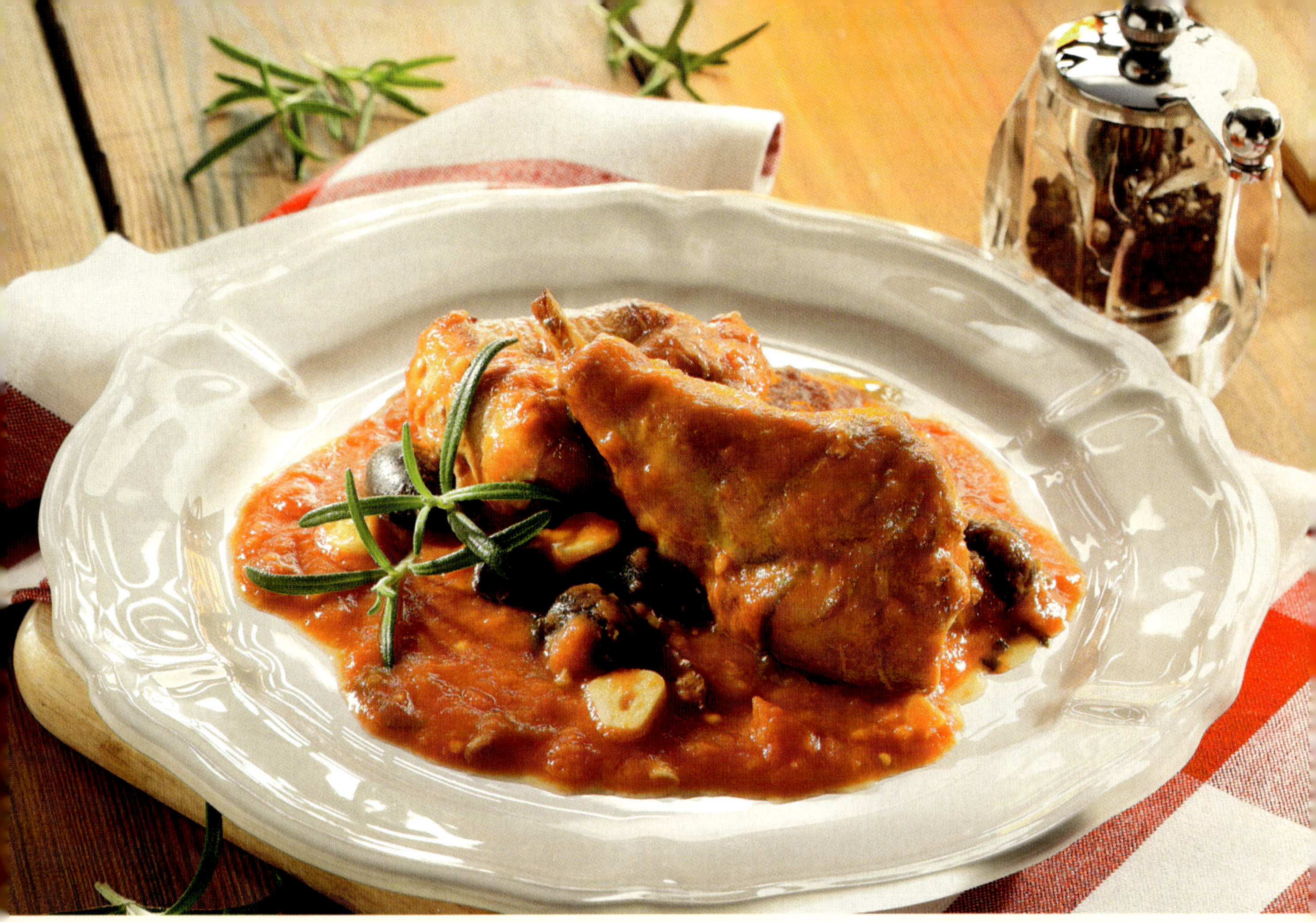

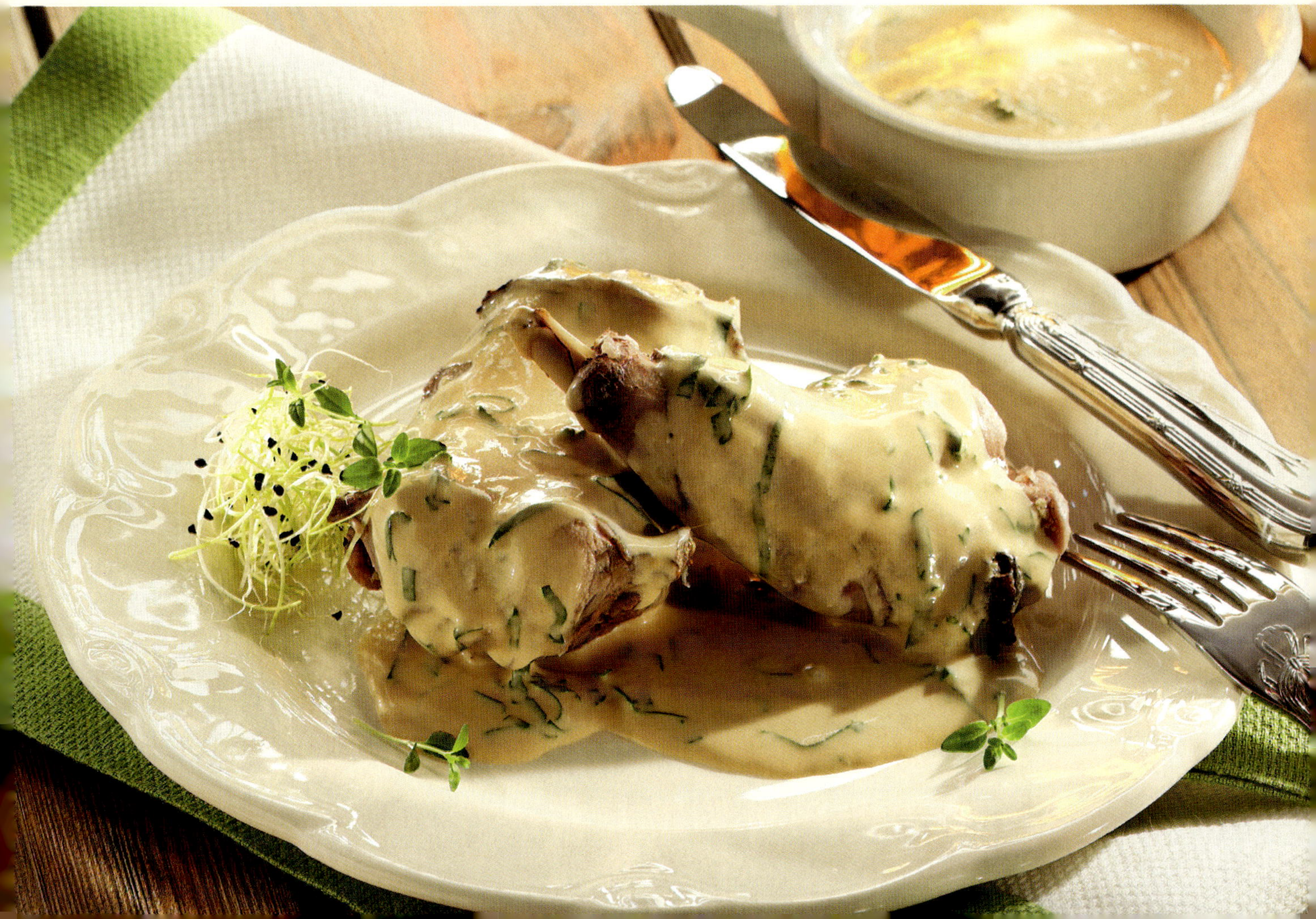

Rehnüsschen mit Kräutern

Für 4 Portionen
500 g Rehnüsschen ♦ Salz ♦ Pfeffer ♦ frische Kräuter z. B. Thymian, Petersilie ♦ 200 g Schweinsnetz ♦ 50 g Butter ♦ 250 ml Wildfond

Zubereitungszeit: ca. 20 Minuten (plus Bratzeit)

pro Portion:
ca. 345 kcal / 1449 kJ
38 g E ♦ 21 g F ♦ 1 g KH

1 Backofen auf 175 °C vorheizen. Rehnuss waschen, abtrocknen, salzen und pfeffern. Kräuter waschen und trockenschütteln. Die Knochenseite mit Kräutern belegen. Einige Kräuter hacken und beiseite stellen.

2 Fleisch mit Schweinsnetz einrollen und fest binden. Die Hälfte der Butter erhitzen und das Fleisch kräftig anbraten. Im vorgeheizten Backofen bei 175 °C 10–20 Minuten weiterbraten. Zwischendurch mit Wildfond begießen. Fleisch herausnehmen und warm stellen.

3 Den Bratensaft passieren und restlichen Wildfond dazugießen. Etwas einkochen, abschmecken und mit restlicher kalter Butter binden.

4 Rehnuss in Scheiben schneiden, die Sauce darüber geben. Mit den restlichen Kräutern bestreut servieren. Dazu passen Schupfnudeln.

Kaninchen in Senfsauce

Für 4 Portionen
150 ml Gemüsebrühe ♦
3 El Rosinen ♦ 4 küchenfertige Kaninchenkeulen ♦ Salz ♦ frisch gemahlener Pfeffer ♦ 40 g Butter ♦ 1 El Öl ♦ 2 El grober Senf ♦ 150 g Crème fraîche ♦ Kartoffelmehl zum Binden ♦ frische Petersilie zum Garnieren

Zubereitungszeit: ca. 15 Minuten (plus Bratzeit)

pro Portion:
ca. 473 kcal / 1985 kJ
46 g E ♦ 28 g F ♦ 9 g KH

1. Von der Gemüsebrühe 50 ml abnehmen und die Rosinen darin einweichen. Inzwischen die Kaninchenkeulen mit Salz und Pfeffer würzen.

2. Die Butter mit dem Öl in einer Pfanne erhitzen und die Keulen darin rundherum ca. 5 Minuten goldbraun braten. Die restliche Gemüsebrühe hinzugießen, den Deckel auflegen und alles ca. 30 Minuten schmoren lassen.

3. Wenn die Kaninchenkeulen gar sind, den Senf, die Crème fraîche und die Rosinen unterrühren. Ist die Sauce zu dünn, diese etwas einreduzieren lassen oder mit wenig Kartoffelmehl binden.

4. Die Petersilie waschen, trockenschütteln und fein hacken. Das Kaninchen mit glasierten Möhren und Salzkartoffeln servieren und mit Petersilie garnieren.

Wildschweinnacken mit Apfelkraut

Für 4 Portionen
1 1/2 Bund Suppengemüse ♦
3 Zwiebeln ♦ 2 Lorbeerblätter ♦
10 weiße Pfefferkörner ♦
1 Tl getrockneter Liebstöckel ♦
1,4 kg Wildschweinnacken mit Knochen ♦ Salz ♦ 3 Äpfel ♦
500 g Sauerkraut ♦ 2 El Öl

Zubereitungszeit: ca. 20 Minuten (plus Garzeit)

pro Portion:
ca. 420 kcal / 1764 kJ
52 g E ♦ 15 g F ♦ 16 g KH

1. Suppengemüse putzen und grob zerteilen. 2 Zwiebeln schälen und vierteln. Mit Lorbeerblättern, Pfefferkörnern und Liebstöckel in einen großen Topf geben, restliche Zwiebel schälen und beiseite stellen. Topf zu 2/3 mit Wasser auffüllen und aufkochen.

2. Wildschweinnacken in den Sud geben und salzen. Aufkochen und bei geringer Hitze so lange köcheln lassen, bis das Fleisch gar ist. Fleisch herausnehmen, vom Knochen lösen, in dicke Scheiben schneiden und zurück in den Sud geben.

3. 2 Äpfel schälen, entkernen und zusammen mit restlicher Zwiebel in Stücke schneiden. Mit Sauerkraut und Öl in einen Topf geben, erhitzen und ca. 20 Minuten garen lassen. Restlichen Apfel waschen, entkernen und in Spalten schneiden. Kraut mit Fleischscheiben und Apfelspalten anrichten.

Kaninchen in Rotwein

Für 4 Portionen
1 Kaninchen ♦ 5 Möhren ♦
2 Stangen Porree ♦
200 g Sellerieknolle ♦ 2 Lorbeerblätter ♦ 2 Nelken ♦ 4 Pfefferkörner ♦ 3 Wacholderbeeren ♦
Salz ♦ Zucker ♦ 3 El gehackte glatte Petersilie ♦ 1/2 Tl getrockneter Thymian ♦ 500 ml Rotwein ♦ 2–3 El Öl ♦ Mehl

Zubereitungszeit: ca. 30 Minuten
(plus Marinier- und Bratzeit)

pro Portion:
ca. 590 kcal / 2478 kJ
53 g E ♦ 26 g F ♦ 15 g KH

1. Kaninchen in Portionsstücke zerlegen. In einen Gefrierbeutel geben. Gemüse putzen, waschen und grob zerkleinert hinzufügen. Gewürze, Kräuter und Rotwein ebenfalls hinzugeben und den Beutel fest verschließen. Im Kühlschrank 3–5 Tage ziehen lassen.

2. Nach Ablauf der Marinierzeit das Fleisch abtropfen lassen und in Öl kräftig anbraten. Die Marinade mit dem Gemüse hinzugeben und alles ca. 1 Stunde schmoren lassen.

3. Den Fond durchsieben, mit Mehl andicken und zum Fleisch servieren. Dazu passen Salzkartoffeln.

Hirschschlegel mit Preiselbeerschaum

Für 8 Portionen
1 Hirschschlegel, ohne Knochen ◆ Salz ◆ Pfeffer ◆ 5 gehackte Wacholderbeeren ◆ Öl zum Braten ◆ 3 Zwiebeln ◆ 5 Möhren ◆ 4 Petersilienwurzeln ◆ 2 Stiele Thymian ◆ 1 Lorbeerblatt ◆ 2 El Tomatenmark ◆ 750 ml kräftiger Rotwein ◆ 500 ml Wildfond ◆ Mehl ◆ 2 El Sherry ◆ 1 El Honig ◆ 6 El Preiselbeerkompott ◆ 200 ml geschlagene Sahne

Zubereitungszeit: ca. 20 Minuten (plus Bratzeit)

pro Portion:
ca. 429 kcal / 1800 kJ
35 g E ◆ 17 g F ◆ 18 g KH

1 Backofen auf 220 °C vorheizen. Fleisch mit Salz, Pfeffer und gehackten Wacholderbeeren einreiben. In einem Bratentopf etwas Öl erhitzen und das Fleisch von beiden Seiten scharf anbraten. Anschließend im vorgeheizten Backofen bei 220 °C ca. 30 Minuten braten.

2 Zwiebeln, Möhren und Petersilienwurzeln waschen, schälen und in grobe Stücke schneiden. Thymian waschen und trockenschütteln. Gemüse, Thymian, Lorbeerblatt und Tomatenmark zum Braten geben und rösten lassen. Wenn das Gemüse gut gebräunt ist, Rotwein hinzugießen. Den Topf verschließen und ca. 60 Minuten weiterbraten.

3 Fleisch herausnehmen und warm stellen. Bratenfond mit Wildfond aufkochen und mit Mehl andicken. Anschließend passieren und mit Sherry abschmecken. Fleisch mit Honig bestreichen und im heißen Backofen ca. 3–5 Minuten glasieren. Preiselbeeren unter die Sahne ziehen und zum Fleisch servieren. Als Beilage empfehlen wir Salzkartoffeln.

Tipp:
Schneiden Sie 2 vollreife Birnen in hauchdünne Spalten, dünsten Sie diese ca. 2 Minuten in erhitztem Birnengeist und heben Sie sie kalt unter den Preiselbeerschaum.

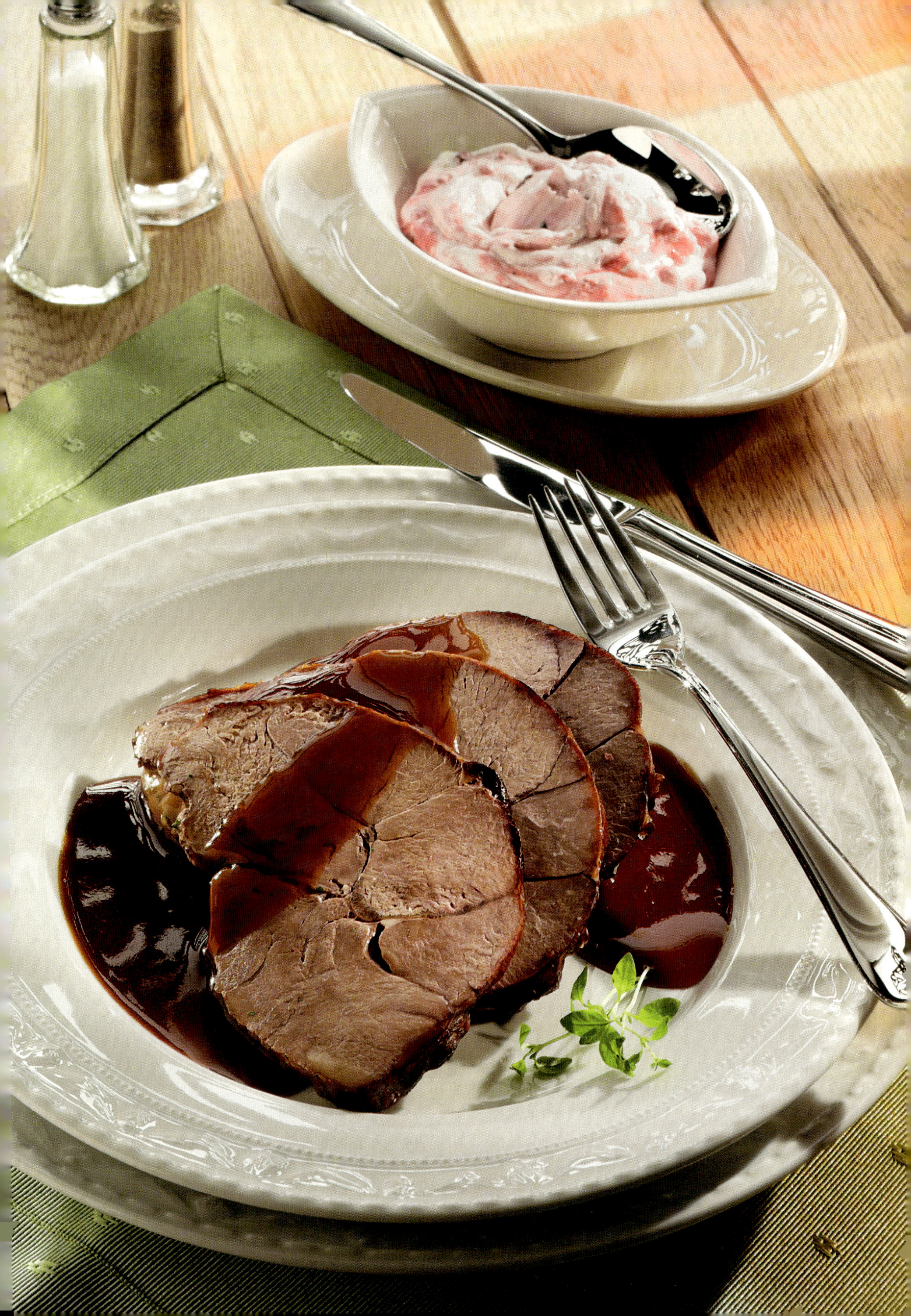

Hase in Sahne

Für 4 Portionen
1 küchenfertiger Hase ◆ Buttermilch zum Marinieren ◆ 1 El Wacholderbeeren ◆ Pfeffer ◆ 1 getrockneter Steinpilz ◆ 3 Zwiebeln ◆ 1 Stück Sellerie ◆ 3 Möhren ◆ 1 Petersilienwurzel ◆ Salz ◆ 100 g Butter ◆ 300 ml Sahne ◆ ca. 1 El Mehl

Zubereitungszeit: ca. 20 Minuten (plus Bratzeit)

pro Portion:
ca. 763 kcal / 3203 kJ
62 g E ◆ 52 g F ◆ 12 g KH

1. Backofen auf 200 °C vorheizen. Den Hasen waschen und 1 Tag in Buttermilch marinieren. Anschließend den Hasen zerteilen und mit zerdrückten Wacholderbeeren und Pfeffer einreiben. Steinpilz in wenig Wasser einweichen.

2. Gemüse putzen, schälen und in Würfel schneiden. Das Fleisch damit bedecken und mindestens 3 Stunden kühl stellen.

3. Gemüse abnehmen, Fleisch salzen, in einen Schmortopf geben und mit Butterstückchen belegen. Den Steinpilz in Scheiben schneiden und das Gemüse zugeben. Den zugedeckten Schmortopf in den vorgeheizten Backofen geben und ca. 50–60 Minuten braten. Zwischendurch den Braten immer wieder mit dem Bratensaft begießen.

4. Sahne mit Mehl verrühren. Wenn das Fleisch gar ist, mit Sahne übergießen und den Hasen ca. 10–15 Minuten in der Sahne schmoren lassen. Fleisch anrichten, mit der Sauce übergießen und servieren. Dazu passt Sauerkraut.

Rehkeule bürgerlich

Für 4 Portionen
1,2 kg Rehkeule von einem jungen Reh ◆ Salz ◆ Pfeffer ◆ 1 Schalotte ◆ 1 Möhre ◆ 2 El Öl ◆ ca. 200 ml Gemüsebrühe ◆ 80 g fetter Speck in Scheiben geschnitten ◆ 150 g saure Sahne ◆ 1 El Senf ◆ 2 El Preiselbeerkompott

Zubereitungszeit: ca. 15 Minuten (plus Bratzeit)

pro Portion:
ca. 528 kcal / 2216 kJ
55 g E ◆ 32 g F ◆ 6 g KH

1. Fleisch salzen und pfeffern. Schalotte und Möhre schälen und klein würfeln. Die Keule in Öl kräftig anbraten. Schalotte und Möhre ca. 3 Minuten mitbraten, die Hälfte der Brühe angießen.

2. Keule mit Speck belegen und zugedeckt ca. 20–30 Minuten gar schmoren. Das Fleisch sollte innen noch rosa sein.

3. Fleisch herausnehmen, Speck entfernen und den Bratenfond mit der restlichen Brühe aufkochen. Etwas einkochen lassen, mit Sahne, Senf und Preiselbeerkompott verrühren und abschmecken. Dazu passen Schupfnudeln.

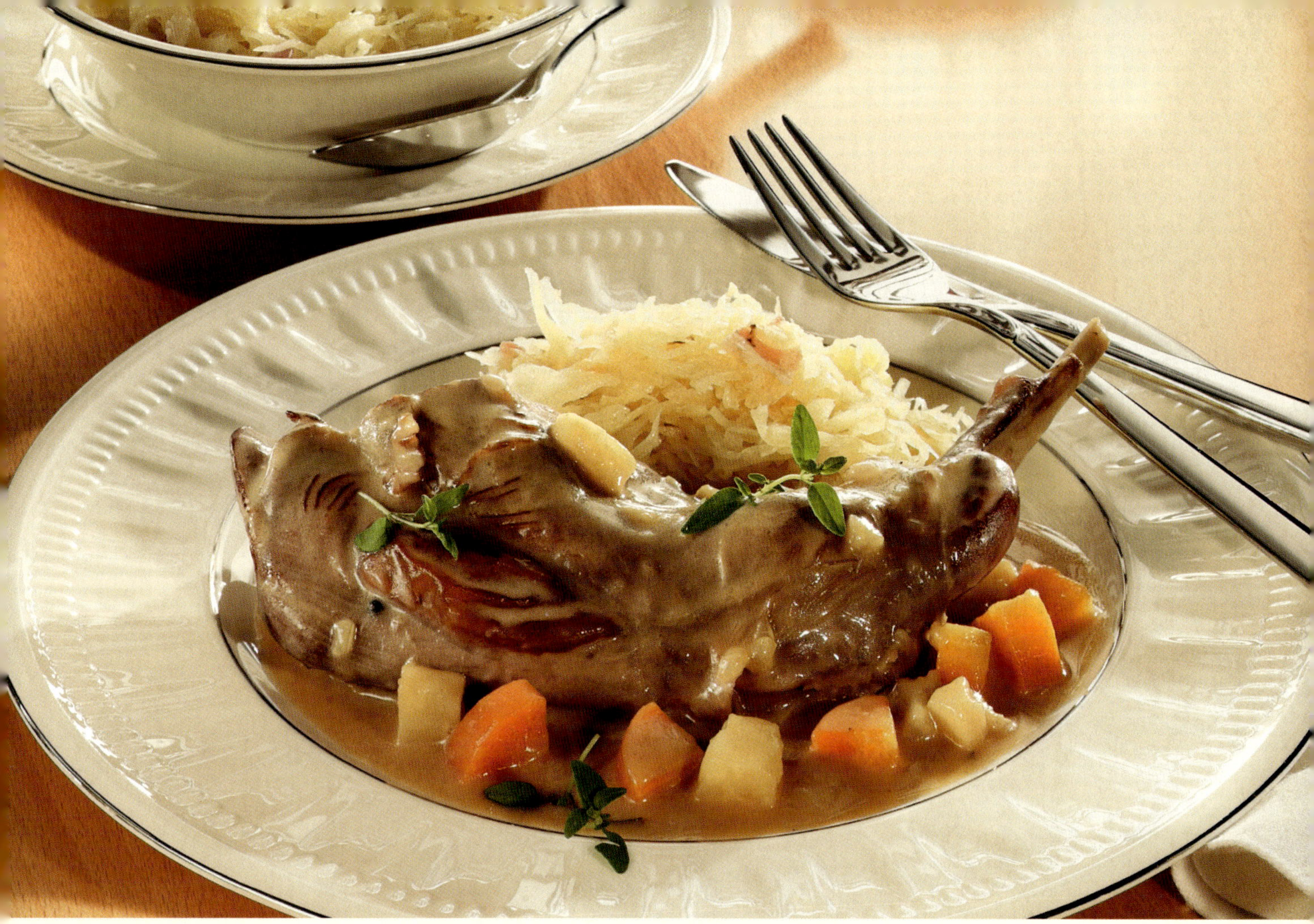

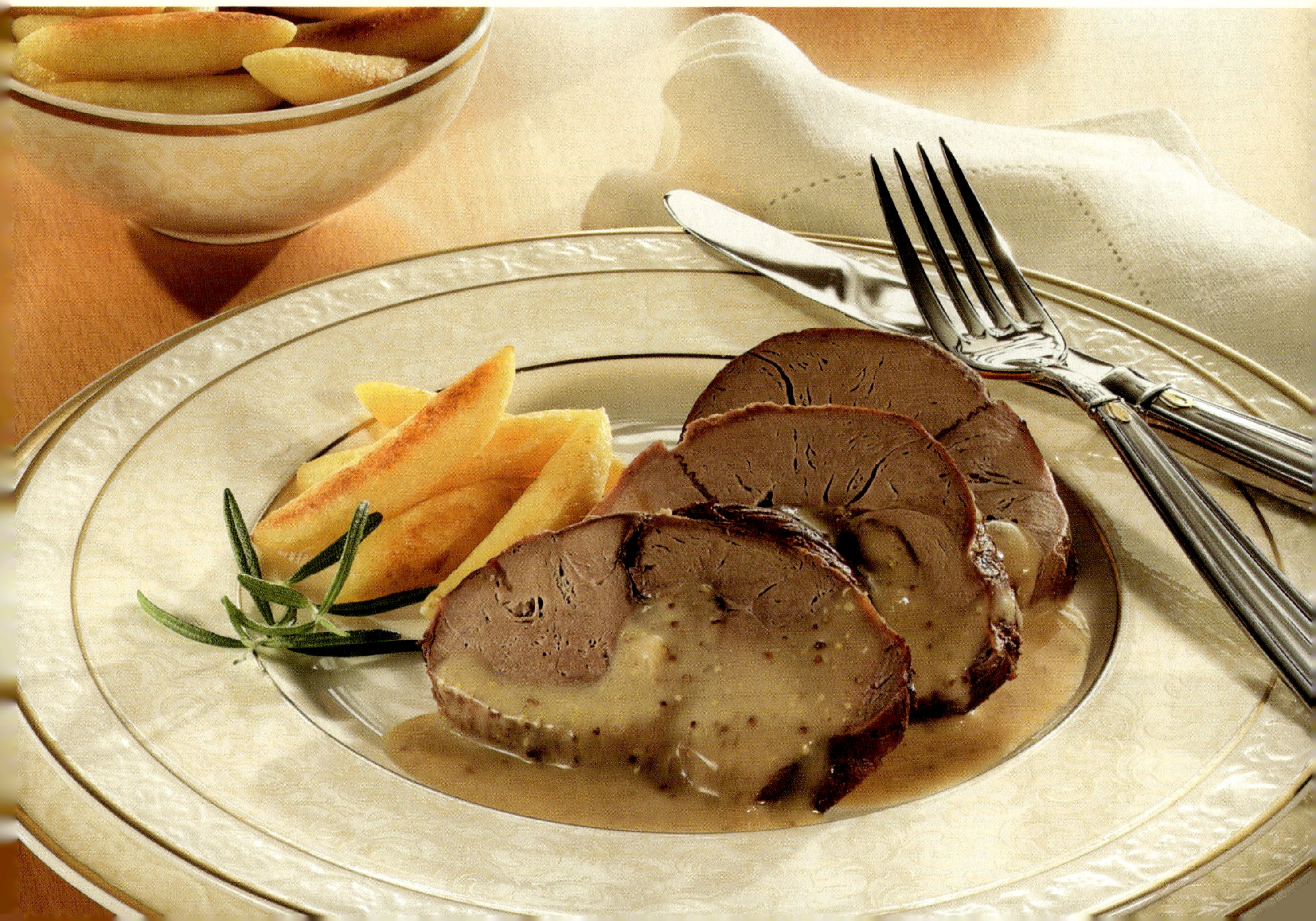

Wildschweinfilet mit Aprikosen

Für 4 Portionen
125 g getrocknete Aprikosen ♦ 125 ml Armagnac ♦ 4 Wildschweinfilets (à ca. 150 g) ♦ grob gemahlener Pfeffer ♦ 1 El Butter ♦ 1 El Öl ♦ Salz ♦ 2 El Honig ♦ 150 g saure Sahne

Zubereitungszeit: ca. 25 Minuten

pro Portion:
ca. 423 kcal / 1775 kJ
32 g E ♦ 14 g F ♦ 22 g KH

1 Die Aprikosen klein schneiden und in Armagnac marinieren. Inzwischen die Filets waschen, abtrocknen und Fett und Haut entfernen. Anschließend mit Pfeffer würzen.

2 Die Butter mit dem Öl in einer Pfanne erhitzen und die Filets darin von jeder Seite ca. 5 Minuten braun braten. Die Filets salzen, herausnehmen, sofort in Alufolie einwickeln und warm halten.

3 Die Aprikosen abtropfen lassen und die Flüssigkeit auffangen. Das Bratfett mit der Marinierflüssigkeit ablöschen.

4 Aprikosen, Honig und saure Sahne hinzufügen und erhitzen, aber nicht mehr kochen. Die Filets mit den Aprikosen und der Sauce anrichten. Dazu schmecken Rosenkohl und Salzkartoffeln.

Hase nach Winzer-Art

Für 4 Portionen
1 Bund Suppengrün ♦ je 250 ml Wasser und Weinessig ♦ Salz ♦ 2 kleine Hasenrücken (ca. 1 kg) ♦ 2 El Butter ♦ 2 cl Cognac ♦ 150 ml Sahne ♦ 2 Tl scharfer französischer Senf ♦ 200 g kernlose Weintrauben

Zubereitungszeit: ca. 30 Minuten (plus Marinier- und Kochzeit)

pro Portion:
ca. 290 kcal / 1218 kJ
19 g E ♦ 18 g F ♦ 11 g KH

1. Suppengrün putzen, waschen und würfeln. Für die Marinade das Wasser mit dem Weinessig mischen, das vorbereitete Gemüse hineingeben und salzen. Hasenfleisch 2 Tage darin marinieren lassen, zwischendurch wenden.

2. Fleisch herausnehmen und abtrocknen. In einem Bräter die Butter zerlassen, Fleisch hineingeben, mit Salz würzen und zugedeckt bei geringer Hitze ca. 40 Minuten köcheln lassen. Das Fleisch herausnehmen und mit Cognac flambieren.

3. Bratfond mit Sahne loskochen, Senf hineinrühren und kräftig abschmecken. Fleisch wieder in die Sauce geben. Weintrauben waschen, halbieren und in die Sauce geben, ca. 5 Minuten ziehen lassen und servieren.

Wildschweinrücken mit Feigen

Für 4 Portionen

1,5 kg Wildschweinrücken ♦ Salz ♦ Pfeffer ♦ 1 Tl geriebener Salbei ♦ 10 zerdrückte Wacholderbeeren ♦ 2 El Butterschmalz ♦ 1 Zwiebel ♦ 3 Möhren ♦ 1 kleine Stange Porree ♦ 250 ml Weißwein ♦ 250 ml Wildfond ♦ 2 El bittere Orangenmarmelade ♦ 2 El Obstessig ♦ 1 Prise Zimtpulver ♦ 125 ml süße Sahne ♦ 150 ml Orangensaft ♦ Mehl ♦ 6 frische Feigen ♦ 1 Peperoni

Zubereitungszeit: ca. 30 Minuten (plus Bratzeit)

pro Portion:
ca. 630 kcal / 2646 kJ
63 g E ♦ 28 g F ♦ 21 g KH

1. Backofen auf 220 °C vorheizen. Fleisch mit Salz, Pfeffer, Salbei und Wacholderbeeren einreiben. Schmalz in einem Bräter erhitzen und Fleisch darin anbraten.

2. Zwiebeln, Möhren und Porree putzen, waschen, würfeln und ca. 3 Minuten mitbraten. Weißwein und Wildfond hinzugießen. Bräter verschließen und alles im vorgeheizten Backofen bei 200 °C ca. 1 1/4 Stunde schmoren lassen.

3. Wildschweinrücken herausnehmen, Fleisch auslösen, in Scheiben schneiden und warm halten. Bratenfond mit Orangenmarmelade, Essig, Zimt, Sahne und Orangensaft aufkochen und mit etwas Mehl andicken.

4. Feigen waschen, vierteln und mit dem Fleisch anrichten. Sauce über das Fleisch geben. Peperoni halbieren, entkernen und waschen. Fein gewürfelt über das Fleisch streuen.

Kaninchenrücken in Frühlingsrollenteig

Für 4 Portionen
4–8 Kohlrabiblätter ♦ 4 Kaninchenrückenfilets ♦ Salz ♦ Pfeffer ♦ 1 Eigelb ♦ 4 Scheiben Frühlingsrollenteig (Asialaden)

Zubereitungszeit: ca. 25 Minuten (plus Backzeit)

pro Portion:
ca. 328 kcal / 1376 kJ
37 g E ♦ 18 g F ♦ 4 g KH

1 Den Backofen auf 250 °C vorheizen. Die Kohlrabiblätter putzen, waschen und in Salzwasser blanchieren, anschließend abschrecken.

2 Kaninchenfilets salzen, pfeffern und mit verquirltem Eigelb bestreichen. Jeweils mit einem Kohlrabiblatt belegen.

3 Die Filets in den Frühlingsrollenteig einrollen und im vorgeheizten Backofen bei 250 °C ca. 15–20 Minuten backen. Dazu schmecken Kohlrabi in Sahnesauce oder Kartoffeln.

Gefüllte Hirschbrust

Für 4 Portionen
1 Hirschbrust zum Füllen vorbereitet ◆ Salz ◆ etwas Paprikapulver ◆ 250 g Hirschfleisch ◆ 750 g durchwachsener Rauchspeck ◆ 1/2 Bund Petersilie ◆ ca. 300 ml Gemüsebrühe ◆ 1 eingeweichtes Brötchen ◆ 1 Ei ◆ 75 g Butter ◆ Pfeffer ◆ abgeriebene Schale von 1/2 Zitrone ◆ Wildpastetengewürz ◆ Mehl ◆ Madeira

Zubereitungszeit: ca. 30 Minuten
(plus Bratzeit)

pro Portion:
ca. 813 kcal / 3413 kJ
93 g E ◆ 43 g F ◆ 12 g KH

1 Hirschbrust salzen und mit Paprika bestreuen. Petersilie waschen, trockenschütteln und hacken. Für die Füllung Hirschfleisch und geräucherten Speck klein würfeln. 2/3 des Specks in der Pfanne ausbraten, Fleisch und 3 El Petersilie hinzufügen und ca. 5 Minuten mitbraten. Brühe hinzugießen, salzen und gar schmoren. Restliche Petersilie beiseite stellen.

2 Fleisch und Brötchen durch den Fleischwolf drehen. Alles mit Ei und 50 g schaumig gerührter Butter verkneten. Mit Pfeffer, Zitronenschale und Pastetengewürz abschmecken. Brust füllen und mit Küchengarn umwickeln.

3 Restlichen Speck ausbraten, die Hirschbrust und die restliche Butter hinzugeben und alles zugedeckt ca. 2 Stunden gar schmoren. Hirschbrust herausnehmen und in Scheiben schneiden. Den Bratensaft aufkochen, leicht mit Mehl andicken und mit Madeira abschmecken. Die Hirschbrust mit Saucenspiegel und Petersilienkranz servieren.

Hasenkeulen mit Knoblauch

Für 4 Portionen
4 Hasenkeulen ◆ 50 g durchwachsener Speck ◆ 10 Knoblauchzehen ◆ Salz ◆ 1 Prise Pfeffer ◆ 6 kleine Zwiebeln ◆ 2 El Butterschmalz ◆ 250 ml Gemüsebrühe ◆ 2 El Mehl ◆ 1/2 Bund Petersilie

Zubereitungszeit: ca. 15 Minuten
(plus Bratzeit)

pro Portion:
ca. 393 kcal / 1649 kJ
59 g E ◆ 14 g F ◆ 7 g KH

1 Die Keulen im Gelenk zerteilen. Den Speck fein würfeln. Den Knoblauch schälen und mit etwas Salz in einem Mörser fein zerreiben. Das Fleisch damit kräftig einreiben und pfeffern.

2 Die Zwiebeln schälen, fein würfeln und in dem Schmalz unter Rühren anrösten. Speck hinzufügen und ca. 4 Minuten mitbraten. Keulen hinzufügen und von allen Seiten kräftig anbraten. Die Brühe hinzugießen und zugedeckt ca. 1 Stunde gar schmoren lassen.

3 Das Fleisch herausnehmen, den Fond etwas einköcheln und mit Mehl andicken. Petersilie waschen, trockenschütteln und fein hacken. Das Fleisch mit der Sauce anrichten und mit Petersilie bestreut servieren. Dazu schmecken Kartoffeln oder Baguette.

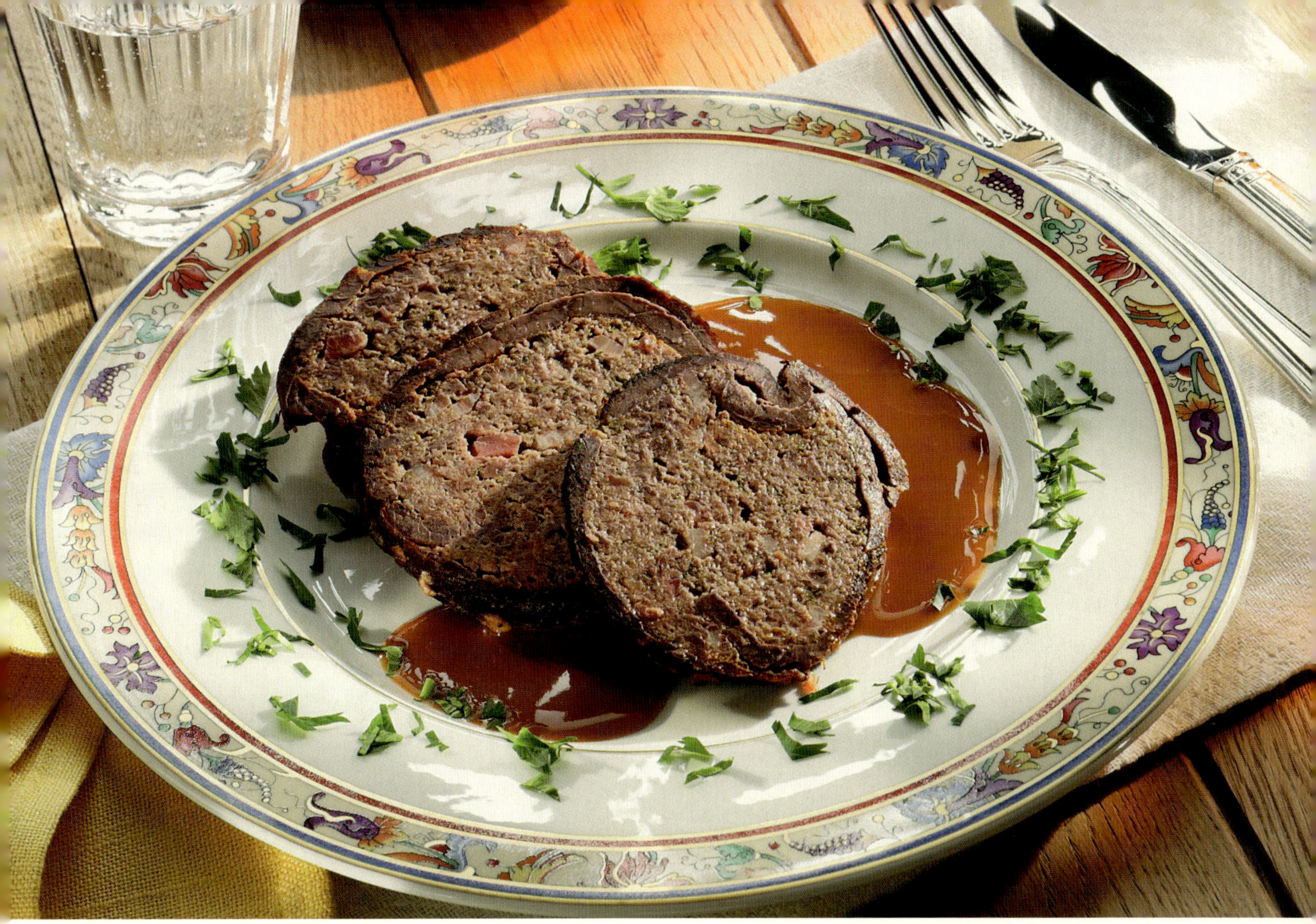

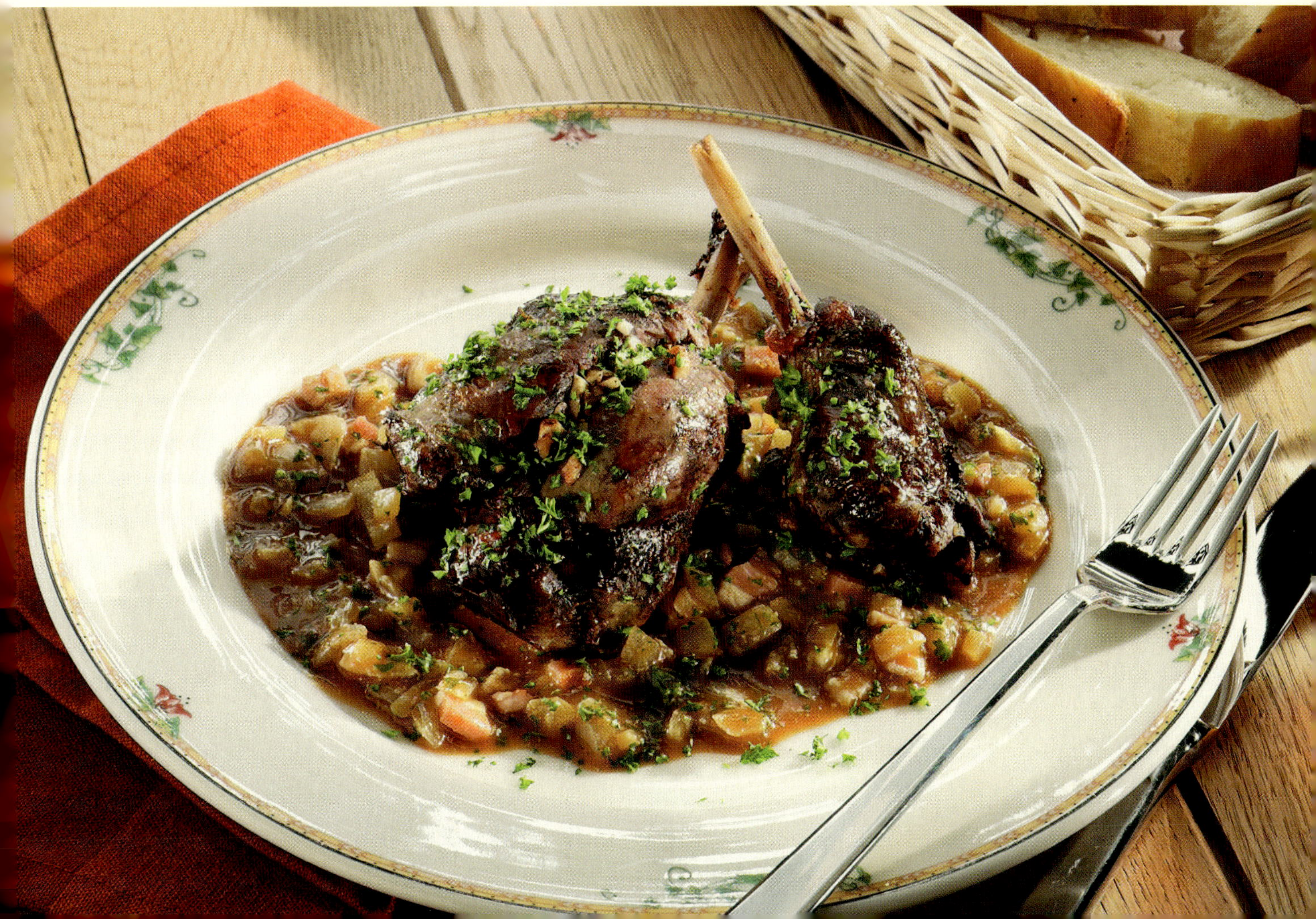

Hirschrücken mit Knusperkruste

Für 4 Portionen
Ca. 1,2 kg Hirschrücken ♦
1/2 Tl Wildgewürz ♦ 10 fein
gehackte Wacholderbeeren ♦
2 Scheiben fetten Speck ♦
4 El Öl ♦ 2 Zwiebeln ♦ 350 ml
trockener Rotwein ♦ 125 ml
Gemüsebrühe ♦ 1 verquirltes
Ei ♦ 125 g Semmelbrösel ♦
2 Tl Zucker ♦ 2 Tl weiche
Butter ♦ 2 Messerspitzen
Nelkenpfeffer ♦ 40 ml Rotwein ♦
2 Tl Cognac ♦ 250 ml trockener
Rotwein ♦ 4 El Wildgewürz ♦
abgeriebene Schale von 1/2 Zitrone ♦ 2 El Orangensaft ♦
2 El Zitronensaft ♦ 2 El saure
Sahne ♦ Salz ♦ Pfeffer

Zubereitungszeit: ca. 30 Minuten
(plus Brat- und Grillzeit)

pro Portion:
ca. 538 kcal / 2258 kJ
37 g E ♦ 26 g F ♦ 24 g KH

Tipp:
Servieren Sie dazu einmal in
Butter gebratene Finger-
nudeln mit frischem Wirsing
in Rahmsauce.

1 Den Backofen auf 250 °C vorheizen. Hirschrücken mit Wildgewürz und Wachholderbeeren einreiben und mit Speckscheiben belegen. Öl erhitzen und den Braten mit dem Speck nach oben hineinlegen. Zwiebeln schälen, grob zerteilen und hinzugeben. Alles in den vorgeheizten Backofen schieben und bei 220 °C braten.

2 Nach 20 Minuten 100 ml Rotwein und Brühe hinzugeben, die Hitze auf 175 °C reduzieren und weitere 30 Minuten braten. Ei, Brösel, Zucker, Butter, Nelkenpfeffer, 3 El Rotwein und Cognac vermischen.

3 Den Grill einschalten und die Speckscheiben abnehmen. Den Braten mit 3/4 der Bröselmischung dick bestreichen und ca. 10 Minuten braun grillen. Herausnehmen und warm halten.

4 Sauce entfetten, restlichen Rotwein, Wildgewürz, restliche Bröselmischung und Zitronenschale zugeben und sämig einkochen. Orangen- und Zitronensaft unterrühren, mit Salz und Pfeffer abschmecken und mit Sahne verfeinern.

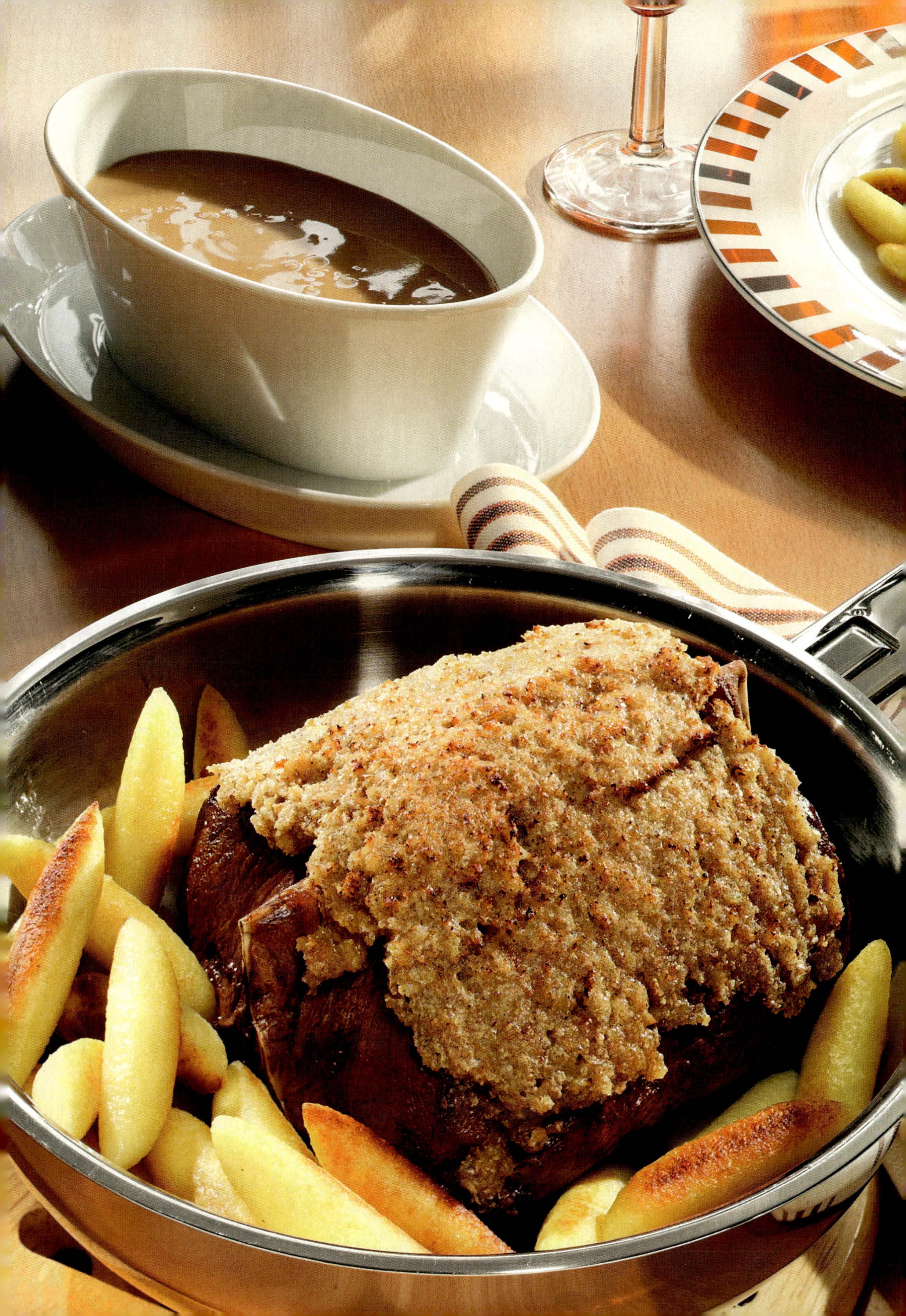

Rehblatt in Buttermilch

Für 4 Portionen
1,2 kg Rehblatt ♦ 2 Zwiebeln ♦
1 Bund Suppengrün ♦
1 Schalotte ♦ 1 Lorbeerblatt ♦
4 zerdrückte Wacholderbeeren ♦
1 Tl Senfkörner ♦ Buttermilch
zum Einlegen ♦ 3 El Öl ♦ Salz ♦
Pfeffer ♦ ca. 175 ml Fleischbrühe ♦ Mehl

Zubereitungszeit: ca. 30 Minuten
(plus Marinier- und Bratzeit)

pro Portion:
ca. 453 kcal / 1901 kJ
72 g E ♦ 15 g F ♦ 6 g KH

1 Das Rehblatt häuten und in einen Gefrierbeutel geben. Zwiebeln schälen und grob würfeln. Das Suppengrün putzen und grob zerkleinern. Schalotte und Suppengrün mit dem Lorbeerblatt, den zerdrückten Wacholderbeeren und den Senfkörnern zum Fleisch geben.

2 So viel Buttermilch hinzufügen, dass das Fleisch knapp bedeckt ist. Den Beutel fest verschließen und 2 Tage im Kühlschrank marinieren lassen. Zwischendurch mehrfach wenden.

3 Backofen auf 150 °C vorheizen. Fleisch herausnehmen, trockentupfen und im heißem Öl rundherum anbraten. Kräftig salzen und pfeffern. Das Gemüse aus der Marinade zufügen und ca. 10 Minuten unter Rühren mitbraten. Etwas Brühe und die Buttermilch zufügen, den Topf verschließen.

4 Alles im vorgeheizten Backofen bei 125 °C ca. 1 1/2–2 Stunden schmoren lassen. Den Bratenfond mit der restlichen Brühe aufkochen, mit Mehl andicken, abschmecken und zum Fleisch servieren. Dazu schmecken Petersilienkartoffeln.

Tipp:
Servieren Sie dazu frische und mit der Hand vom Brett geschabte Spätzle, die Sie in etwas gebräunter Butter schwenken.

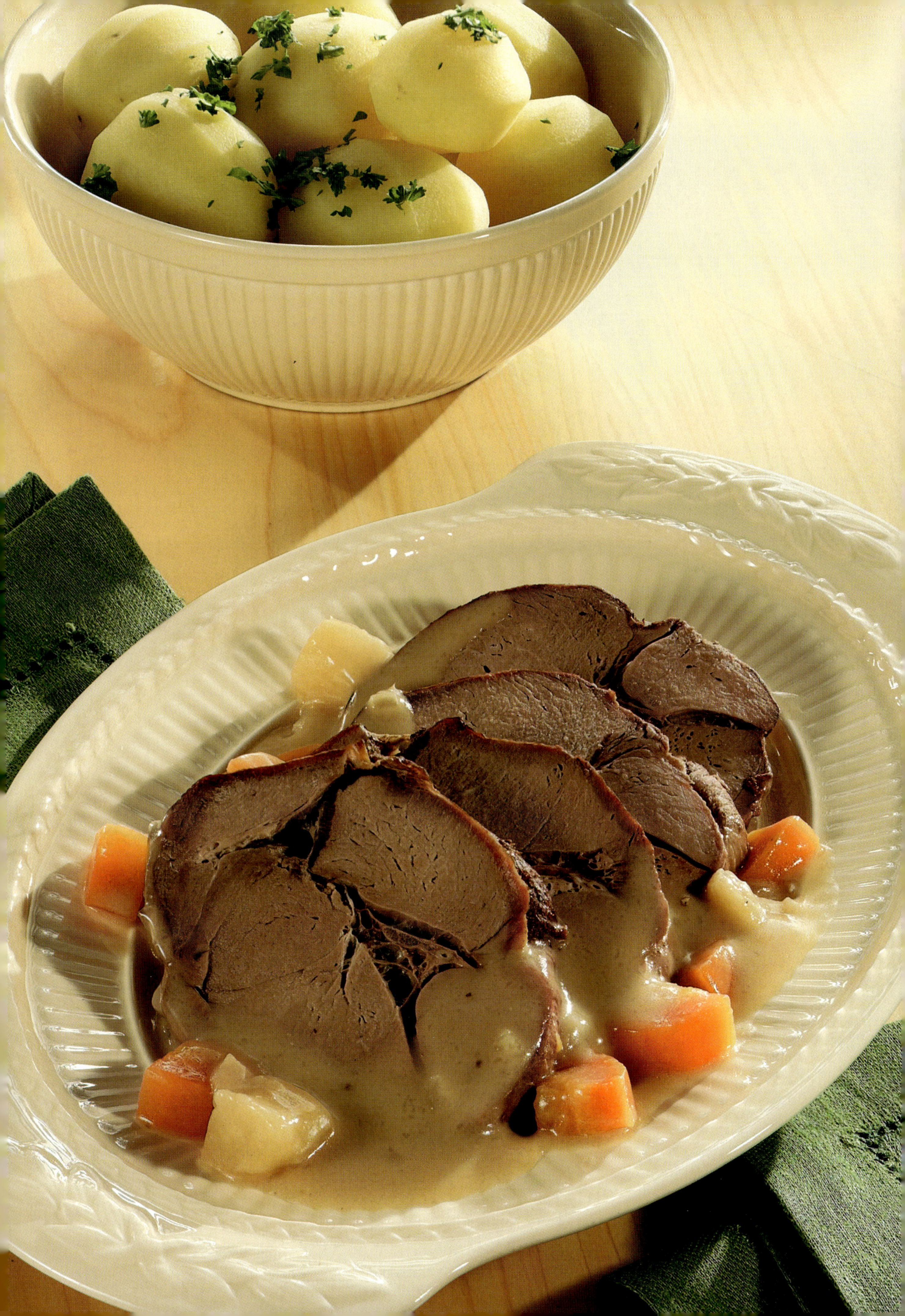

Rehkeule mit Kräutern

Für 4 Portionen
1,2 kg Rehkeule ◆ Salz ◆ Pfeffer ◆
je 1 Bund Thymian, Petersilie
und Basilikum ◆ 2 Schalotten ◆
2 Möhren ◆ 50 g Butter ◆
250 ml Wildfond

Zubereitungszeit: ca. 20 Minuten
(plus Bratzeit)

pro Portion:
ca. 415 kcal / 1743 kJ
60 g E ◆ 18 g F ◆ 4 g KH

1 Backofen auf 175 °C vorheizen. Rehkeule salzen und pfeffern.

2 Kräuter waschen und trockenschütteln. Schalotten schälen, Möhren putzen und beides grob würfeln.

3 Butter in einem Bräter erhitzen und das Fleisch darin von allen Seiten ca. 3 Minuten kräftig anbraten. Schalotten, Möhren und 2/3 der Kräuter hinzufügen und 2 Minuten mitdünsten.

4 Wildfond angießen und zugedeckt im vorgeheizten Backofen bei 175 °C Grad ca. 2 Stunden braten. Zwischendurch mit Wasser begießen. Fleisch herausnehmen und warm stellen.

5 Den Bratenfond passieren, Sahne einrühren und einkochen lassen. Restliche Kräuter fein hacken und in die Sauce rühren. Sauce abschmecken und zur Rehkeule servieren.

Geschmorte Hasenkeulen

Für 4 Portionen
4 Hasenkeulen ♦ Salz ♦ Pfeffer ♦ 2 rote Zwiebeln ♦ 1/2 Porreestange ♦ 2 Möhren ♦ 1 Apfel ♦ 40 g Butterschmalz ♦ 1 Lorbeerblatt ♦ 8 zerdrückte Wacholderbeeren ♦ 125 g Zwetschgenmus ♦ 175 ml roter Portwein ♦ 225 ml Rotwein ♦ 200 ml Wildfond ♦ 1 El Speisestärke ♦ 2 cl Zwetschgenwasser

Zubereitungszeit: ca. 30 Minuten (plus Bratzeit)

pro Portion:
ca. 595 kcal / 2599 kJ
62 g E ♦ 21 g F ♦ 28 g KH

1 Keulen salzen und pfeffern. Zwiebeln schälen, Gemüse putzen, waschen und alles grob würfeln. Apfel waschen, abtrocknen, entkernen und das Fruchtfleisch würfeln.

2 Butterschmalz erhitzen, Keulen darin von beiden Seiten anbraten. Alle vorbereiteten Zutaten, Lorbeerblatt, Wacholderbeeren und Zwetschgenmus mitrösten. Keulen mit Wein und Wildfond aufgießen und zugedeckt ca. 1 Stunde schmoren. Die Keulen dabei ab und zu wenden, anschließend herausnehmen und warm stellen.

3 Schmorfond durchsieben, das Gemüse dabei mit einer Kelle gut ausdrücken. Fond bei starker Hitze auf ca. 275 ml einkochen lassen. Speisestärke mit Wasser verrühren und den Fond damit binden. Sauce mit Zwetschgenwasser aromatisieren und über die Keulen geben.

Rehrücken

Für 4 Portionen
1,5 kg Rehrücken ♦ Pfeffer ♦ Salz ♦ Koriander ♦ 100 g Speckscheiben ♦ 2 Zwiebeln ♦ 5 Wacholderbeeren ♦ 100 g saure Sahne ♦ 2 El Mehl

Zubereitungszeit: ca. 25 Minuten (plus Bratzeit)

pro Portion:
ca. 268 kcal / 1127 kJ
42 g E ♦ 9 g F ♦ 4 g KH

1 Den Backofen auf 225 °C vorheizen. Rehrücken mit Pfeffer, Salz und Koriander einreiben. Fettpfanne des Backofens mit der Hälfte des Specks auslegen. Fleisch darauf legen und mit restlichen Speckscheiben zudecken.

2 Zwiebeln schälen und vierteln. Wacholderbeeren zerdrücken und mit den Zwiebeln zum Rehrücken geben. Im vorgeheizten Backofen bei 200 °C ca. 45–60 Minuten braten. Sobald der Bratensatz sich braun färbt, Fleisch immer wieder mit etwas heißem Wasser begießen.

3 Rehrücken aus dem Backofen nehmen, das Fleisch vom Knochen lösen, in Scheiben schneiden, wieder auf den Knochen legen und warm stellen. Bratensatz mit Wasser auf 400 ml ergänzen. Saure Sahne mit dem Mehl verrühren und den Bratenfond damit andicken.

Hirschkeule klassisch

Für 4 Portionen
ca. 1,5 kg Hirschkeule ♦ Salz ♦ frisch gemahlener schwarzer Pfeffer ♦ 3 El Öl ♦ 100 g fetter Speck in Scheiben ♦ ca. 500 ml Gemüsebrühe ♦ 200 g saure Sahne

Zubereitungszeit: ca. 15 Minuten (plus Bratzeit)

pro Portion:
ca. 528 kcal / 2216 kJ
58 g E ♦ 32 g F ♦ 3 g KH

1 Die Keule häuten, salzen und pfeffern. Das Öl erhitzen und die Keule darin von allen Seiten kräftig anbraten. Etwas von der Brühe angießen.

2 Die Keule mit Speck belegen und zugedeckt gar schmoren. Das Fleisch sollte rosa sein. Pro Kilo ca. 15–18 Minuten braten.

3 Fleisch herausnehmen und den Bratenfond mit der restlichen Brühe aufkochen. Fond etwas einkochen lassen, mit Sahne verrühren und abschmecken. Dazu passt ein knackiger grüner Salat und Kartoffelpüree.

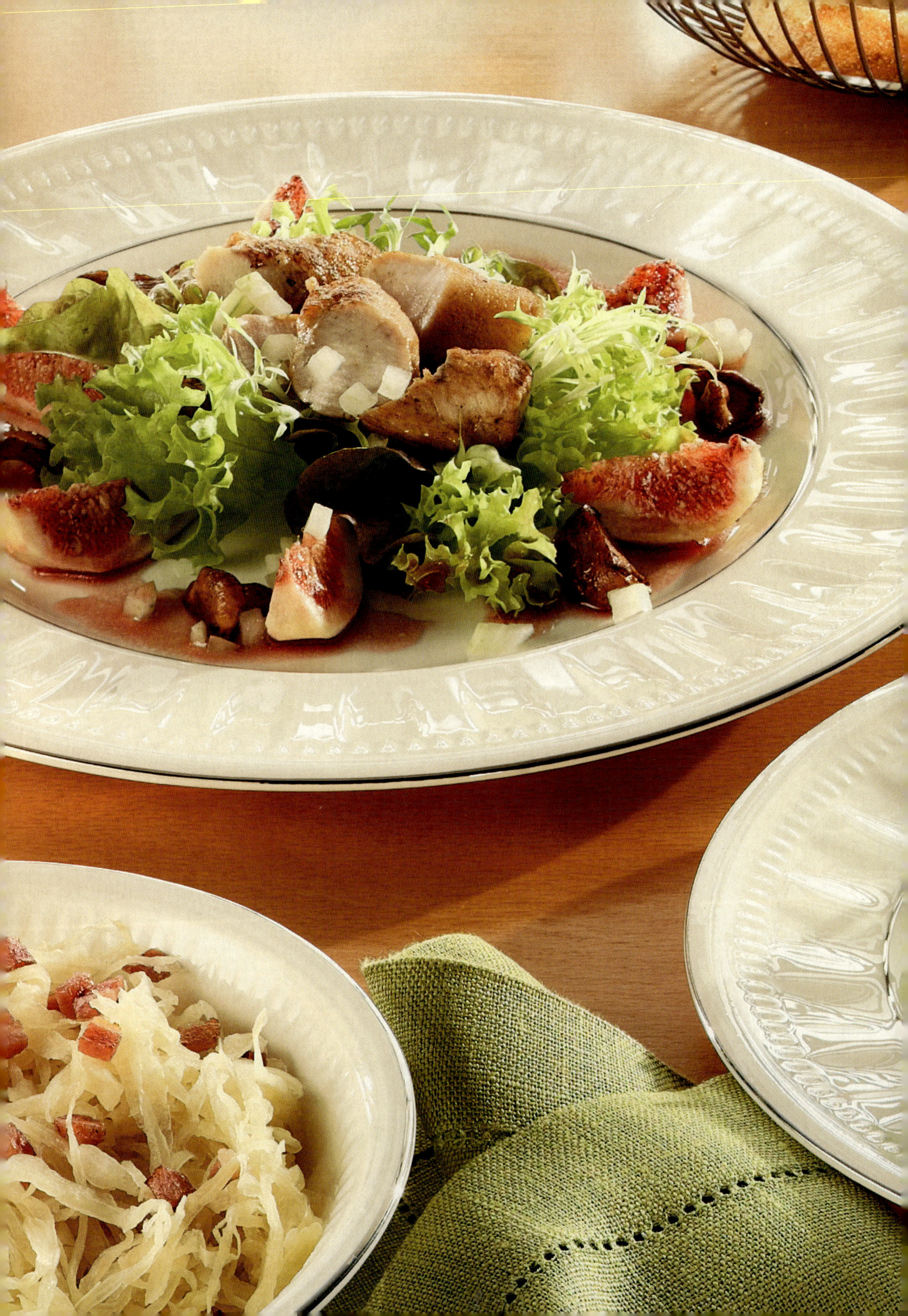

Kleine, feine Gerichte

Auch Wildgerichte, die in unseren Breiten eine lange Tradition haben, gibt es heute in leichten und ansprechenden Alternativen. Zeitgemäß zubereitet und pfiffig kombiniert bieten sie kulinarische Überraschungen.

Provenzalisches Kaninchenragout

Für 4 Portionen
ca. 750 g Kaninchengulasch ◆ Salz ◆ frisch gemahlener schwarzer Pfeffer ◆ 2 El Mehl ◆ 2–3 El Öl ◆ 3 Schalotten ◆ 3 Knoblauchzehen ◆ 2 Tl getrockneter Rosmarin ◆ 3 getrocknete Salbeiblätter ◆ 500 ml trockener Weißwein ◆ 1 Dose zerkleinerte Tomaten (ca. 400 g) ◆ 125 ml Gemüsebrühe ◆ 12 kleine schwarze Oliven ◆ Rosmarin zum Garnieren

Zubereitungszeit: ca. 25 Minuten (plus Bratzeit)

pro Portion:
ca. 618 kcal / 2594 kJ
39 g E ◆ 43 g F ◆ 10 g KH

1. Das Kaninchenfleisch salzen, pfeffern und mit Mehl bestäuben. Das Öl erhitzen und das Fleisch darin anbraten, anschließend herausnehmen.

2. Schalotten und Knoblauch schälen und in Scheiben schneiden. Schalotten, getrockneten Rosmarin und Salbei in das Bratfett geben und 10 Minuten braten, Knoblauch dazupressen.

3. Das Fleisch wieder hinzufügen, den Wein zugießen und 1 Minute stark kochen lassen. Tomaten und die Hälfte der Brühe hineinrühren, die Hitze reduzieren und alles zugedeckt ca. 50 Minuten garen lassen. Nach der Hälfte der Garzeit die restliche Brühe dazugeben.

4. Salbeiblätter entfernen und die Sauce ca. 5 Minuten einköcheln lassen. Abschmecken und mit in Scheiben geschnittenen Oliven und frischem Rosmarin garnieren.

Hasenrücken in Lebkuchensauce

Für 4 Portionen
1 großer Hasenrücken ♦ 200 g gewürfeltes Wurzelgemüse, z. B. Sellerie, Porree und Möhren ♦ 50 g fein gewürfelter geräucherter Speck ♦ 1 El Butterschmalz ♦ 150 ml Gemüsebrühe ♦ 1 El Preiselbeerkompott ♦ 1 Tl Rotweinessig ♦ 1 Lorbeerblatt ♦ 150 ml Rotwein ♦ 2 Tl Lebkuchenbrösel ♦ 60 g eiskalte Butterflocken ♦ Pfeffer ♦ Salz

Zubereitungszeit: ca. 30 Minuten (plus Bratzeit)

pro Portion:
ca. 383 kcal / 1607 kJ
37 g E ♦ 21 g F ♦ 5 g KH

1 Alle 4 Filets vom Knochen lösen. Knochen zerkleinern, mit Gemüse und Speck in Butterschmalz anbraten. Brühe hinzugießen und auf die Hälfte einkochen.

2 Preiselbeerkompott, Rotweinessig und Lorbeerblatt hinzugeben und ca. 5 Minuten durchkochen. Fond passieren, Rotwein hinzugeben und um die Hälfte einkochen. Lebkuchen und Butter darunter schlagen.

3 Filets pfeffern, ca. 4–5 Minuten kräftig anbraten. Salzen, zur Sauce geben und bei milder Hitze noch ca. 5 Minuten köcheln lassen und servieren.

Fruchtige Hirschsteaks

Für 4 Portionen
4 Rumpsteaks vom Hirsch ♦
5 El Öl ♦ 2 El Obstessig ♦ 6 El
Rotwein ♦ 3 Wacholderbeeren ♦
1 Tl Senf ♦ 1 Tl Salz ♦ frisch
gemahlener weißer Pfeffer ♦
100 g frische Ananaswürfel ♦
1/2 Banane ♦ 100 g Kirschen
(a. d. Glas) ♦ 1 El Kirschsaft

Zubereitungszeit: ca. 25 Minuten
(plus Marinierzeit)

pro Portion:
ca. 420 kcal / 1764 kJ
42 g E ♦ 22 g F ♦ 11 g KH

1 Fleisch waschen und abtrocknen. 3 El Öl mit Essig, Rotwein, zerdrückten Wacholderbeeren und Senf verrühren. Die Rumpsteaks darin einlegen und abgedeckt 24 Stunden im Kühlschrank marinieren lassen. Die Rumpsteaks zwischendurch einmal wenden.

2 Steaks aus der Marinade nehmen, abtropfen lassen und trockentupfen. Restliches Öl in der Pfanne erhitzen und Steaks darin von beiden Seiten ca. 6 Minuten braten, anschließend salzen, pfeffern und warm halten.

3 Die Ananaswürfel in dem Bratfett braten. Die Banane schälen, vierteln und mitbraten. Die Kirschen mit dem Kirschsaft und 2–3 El der Marinade darunter rühren, erhitzen und abschmecken. Die Steaks anrichten, Sauce darüber verteilen und mit Butterreis und Salat servieren.

Rehfiletscheiben auf Toast

Für 4 Portionen
4 echte Rehfilets (von der
Unterseite des Rückens) ♦ 40 g
Butterschmalz ♦ Salz ♦ frisch
gemahlener schwarzer Pfeffer ♦
4 Scheiben Toasbrot ♦ 4 El
Preiselbeerkompott ♦ 4 Birnenhälften a. d. Dose ♦ etwas
Petersilie zum Garnieren

Zubereitungszeit: ca. 25 Minuten

pro Portion:
ca. 480 kcal / 2016 kJ
47 g E ♦ 18 g F ♦ 32 g KH

1 Die Filets im heißen Butterschmalz bei mittlerer Hitze ca. 3–6 Minuten rundum braten. Anschließend salzen und pfeffern, in Alufolie einschlagen und 5 Minuten ruhen lassen.

2 Das Toastbrot toasten und noch heiß mit dem Preiselbeerkompott dick bestreichen.

3 Die Filets schräg in dünne Scheiben schneiden und die Brotscheiben damit belegen. Auf Teller anrichten, mit den Birnenhälften und der Petersilie garnieren und sofort servieren.

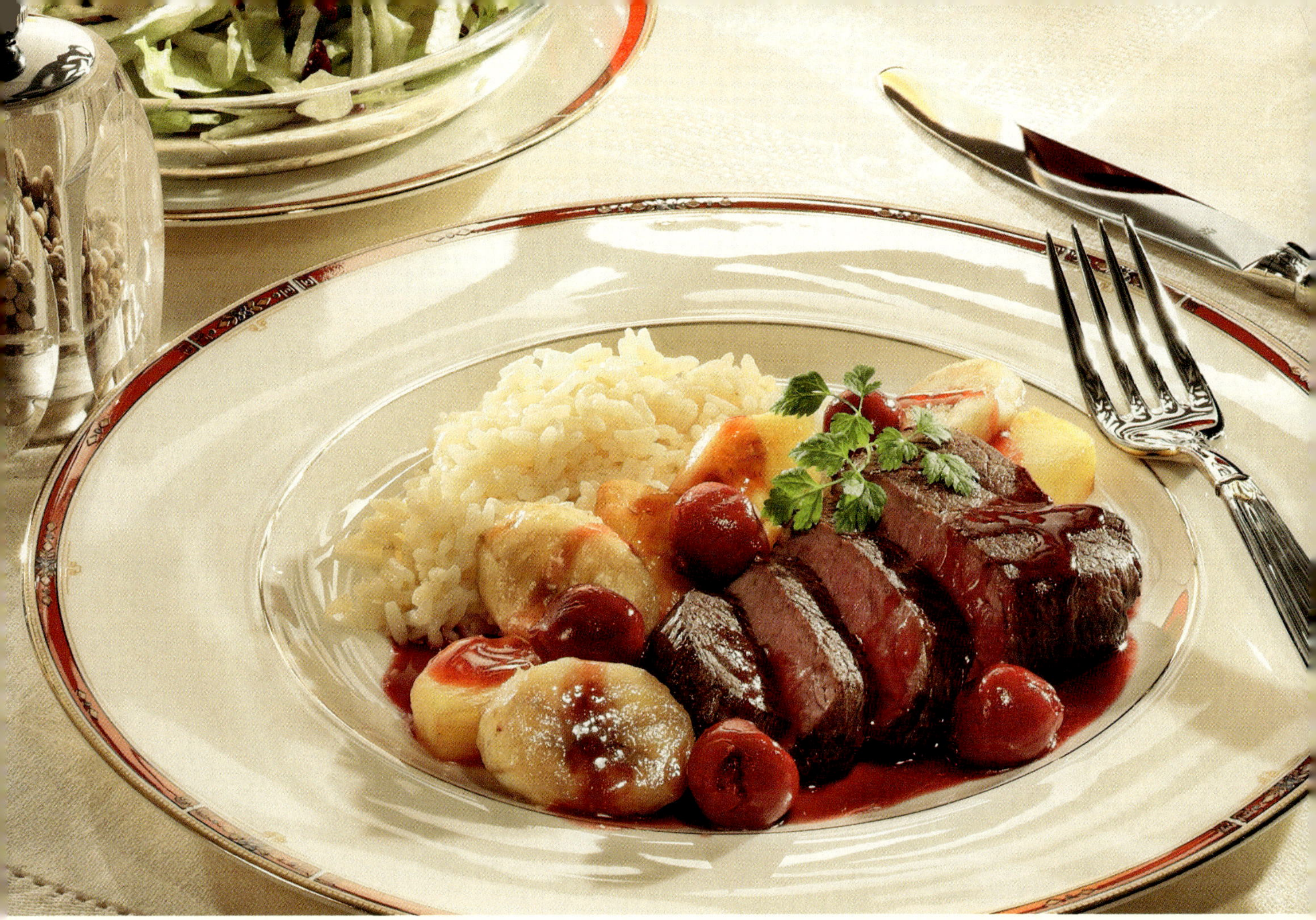

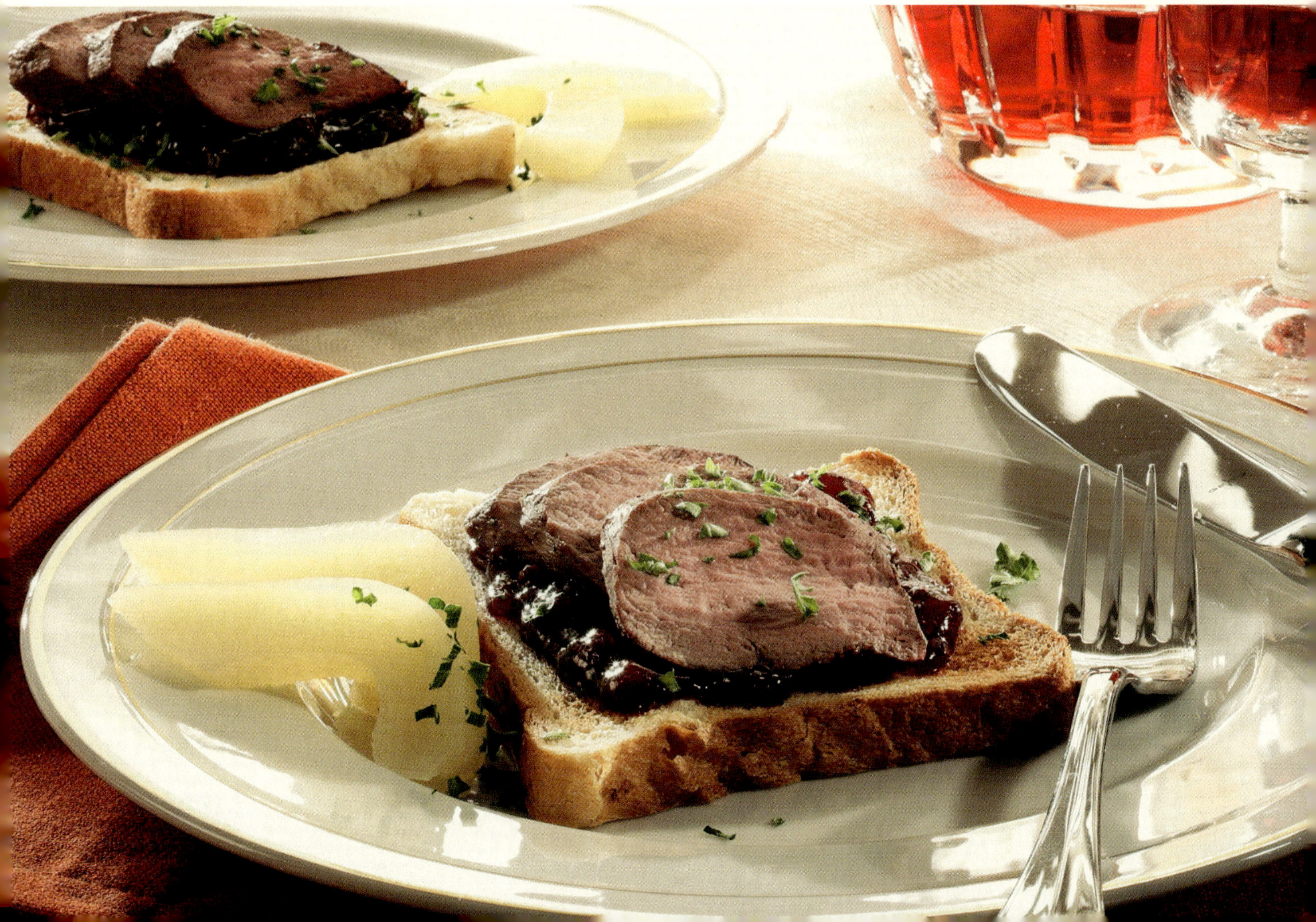

Avocadosalat mit Rehfilet

Für 4 Portionen
200 g Rehfilet ♦ 1 El Öl zum Braten ♦ 2 El Sojasauce ♦ frisch gemahlener weißer Pfeffer ♦ 1 kleine rote Chilischote ♦ Saft von 1 Zitrone ♦ 150 g sehr dünne grüne Böhnchen ♦ etwas Bohnenkraut ♦ Salz ♦ 2 reife Avocados ♦ 2/3 reife Mango ♦ 1 kleiner Kopf Eichblattsalat ♦ 1 Tl Zucker ♦ 2 El Apfelessig ♦ 1 Tl Senf ♦ 2 El kalt gepresstes Öl

Zubereitungszeit: ca. 20 Minuten (plus Brat-, Marinier- und Kochzeit)

pro Portion:
ca. 293 kcal / 1229 kJ
14 g E ♦ 23 g F ♦ 8 g KH

1. Das Filet in feine Streifen schneiden. Öl erhitzen und das Fleisch darin 1 Minute anbraten. Mit Sojasauce ablöschen und pfeffern.

2. Chilischote längs halbieren, Kerne entfernen, waschen und klein würfeln. Chilischote mit der Hälfte des Zitronensaftes zum Fleisch geben. Pfanne vom Herd nehmen und Fleisch 10 Minuten ziehen lassen.

3. Inzwischen die Bohnen waschen, putzen und mit Bohnenkraut in wenig kochendem Salzwasser ca. 6–7 Minuten garen. Abgießen, abschrecken, Bohnenkraut entfernen und die Bohnen auskühlen lassen.

4. Avocados halbieren, den Stein entfernen, schälen und in dünne Spalten schneiden. Mit dem restlichen Zitronensaft beträufeln. Mango schälen, Frucht vom Stein schneiden und in dünne Spalten teilen. Salat putzen, waschen, trockenschütteln und in Stücke zerpflücken.

5. Alle vorbereiteten Zutaten auf einer Platte anrichten. Den Essig mit Zucker, Senf, Salz und Pfeffer verrühren. Das Öl darunter schlagen und die Sauce über den Salat träufeln.

Tipp:
Anstatt Rehfilet können Sie z. B. auch jedes andere Filet vom Haarwild nehmen. Köstlich schmecken auch die echten Filets vom Hasen.

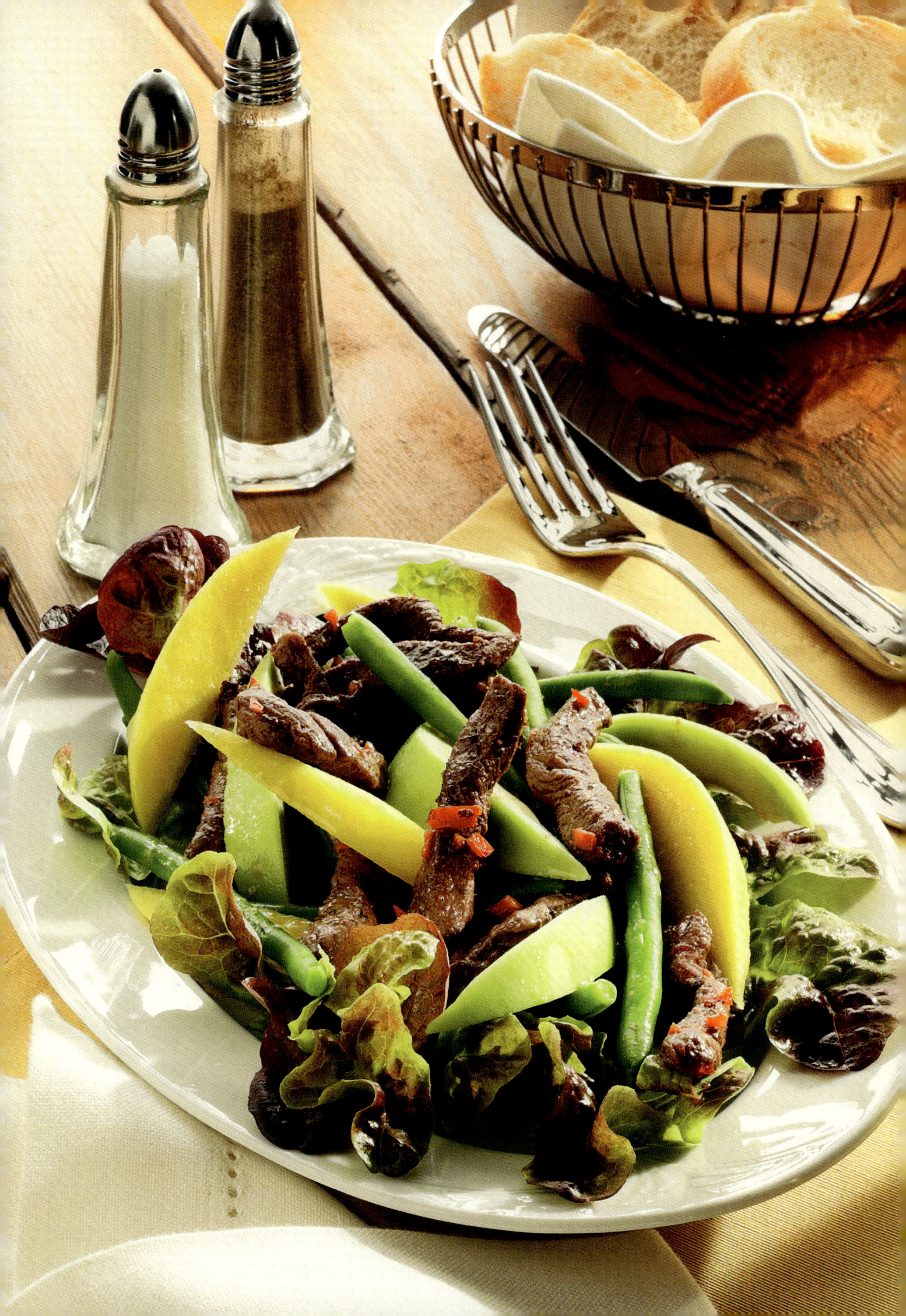

Gemischter Salat mit gebratenem Hasenfilet

Für 4 Portionen
150 g grüne Bohnen ◆ Salz ◆ 200 g gemischte Salatblätter ◆ 100 g Champignons ◆ 1 Birne ◆ Saft von 1/2 Zitrone ◆ 200 g Hasenfilet ◆ frisch gemahlener schwarzer Pfeffer ◆ 7 El Öl ◆ 2 El Rotwein ◆ 1 Tl Senf ◆ 3 El Aceto Balsamico ◆ 40 g gehackte Walnüsse

Zubereitungszeit: ca. 30 Minuten

pro Portion:
ca. 350 kcal / 1470 kJ
15 g E ◆ 29 g F ◆ 8 g KH

1 Bohnen putzen, waschen und in kochendem Salzwasser etwa 5 Minuten bissfest garen. Abschrecken und abtropfen lassen. Die Salatblätter putzen, waschen, trockenschütteln und klein zupfen.

2 Champignons putzen und in dünne Scheiben schneiden. Die Birne schälen, halbieren, entkernen und der Länge nach in Spalten schneiden. Sofort mit dem Zitronensaft beträufeln.

3 Das Hasenfilet pfeffern und in 2 El Öl ca. 3–5 Minuten scharf anbraten. Herausnehmen und in Alufolie wickeln. Den Bratenfond mit Rotwein, Senf, Aceto Balsamico und restlichem Öl verrühren. Filet aus der Alufolie nehmen und in Scheiben schneiden.

4 Salatzutaten auf 4 Teller anrichten, mit der Marinade beträufeln, mit den noch warmen Hasenfiletscheiben und den Walnüssen anrichten.

Kaninchensalat „Hubertus"

Für 4 Portionen
1 El Senf ♦ 3 El Weinessig ♦
2 El Sonnenblumenöl ♦
75 g saure Sahne ♦ Salz ♦ Pfeffer ♦
4 Möhren ♦ 2 El Butter ♦
200 g dünne Keniabohnen ♦
2 Kaninchenrückenfilets ♦
einige Blätter Eisbergsalat ♦
2 El Schnittlauchröllchen

Zubereitungszeit: ca. 40 Minuten

pro Portion:
ca. 255 kcal / 1071 kJ
25 g E ♦ 15 g F ♦ 5 g KH

1. Senf, Essig, Öl, saure Sahne, Salz und Pfeffer verrühren. Möhren schälen, in dünne Scheiben schneiden und in wenig Butter knackig garen.

2. Bohnen putzen, waschen und in Salzwasser knackig garen. Abschrecken und abtropfen lassen.

3. Fleisch in der restlichen Butter ca. 2 Minuten anbraten. Salzen und pfeffern, herausnehmen.

4. Salat und Gemüse auf 4 Teller anrichten. Fleisch in dünne Scheiben schneiden und darauf verteilen. Mit Sauce beträufeln und mit Schnittlauch bestreut servieren.

Hasenmedaillons

Für 4 Portionen
2 Hasenrückenfilets ♦ 1 El Öl ♦ 3 El eiskalte Butter ♦ Salz ♦ frisch gemahlener schwarzer Pfeffer ♦ ca. 75 ml Wildfond ♦ einige gemischte Salatblätter ♦ Balsamico-Essig ♦ kalt gepresstes Olivenöl

Zubereitungszeit: ca. 20 Minuten (plus Koch- und Bratzeit)

pro Portion:
ca. 212 kcal / 890 kJ
21 g E ♦ 14 g F ♦ 1 g KH

1 Den Backofen auf 220 °C vorheizen. Die Hasenfilets in 4 gleich dicke Medaillons schneiden.

2 Das Öl mit 1 El Butter in einer Pfanne erhitzen und die Medaillons darin von beiden Seiten ca. 2 Minuten anbraten. Salzen, pfeffern, etwas Wildfond hinzugießen und ca. 3 Minuten im vorgeheizten Backofen bei 220 °C garen lassen.

3 Das Fleisch herausnehmen und warm halten. Den Bratensaft aus der Pfanne mit der restlichen Butter aufschlagen.

4 Salatblätter waschen, trockenschütteln und auf eine Platte legen. Etwas Essig und Olivenöl darüber träufeln. Die Hasenmedaillons darauf setzen, mit der Sauce überziehen und sofort servieren.

Rehleber mit Rote-Bete-Carpaccio

Für 4 Portionen
2–3 Rote Bete ♦ Salz ♦ 3 El Balsamico-Essig ♦ 3 El Olivenöl ♦ 2 El Dijon-Senf ♦ Pfeffer ♦ 400 g Rehleber ♦ 1–2 El Mehl ♦ 2 El Butterschmalz

Zubereitungszeit: ca. 25 Minuten (plus Kochzeit)

pro Portion:
ca. 234 kcal / 982 kJ
23 g E ♦ 12 g F ♦ 8 g KH

1 Die Rote Bete putzen, waschen und in Salzwasser bissfest garen. Rote Bete abtropfen lassen, Kochsud auffangen. Die Beten etwas abkühlen lassen und schälen, anschließend in feine Scheiben schneiden und auf einem Teller anrichten.

2 Für die Vinaigrette die Rote-Bete-Reste (ca. 100 g) in einen Mixer geben. Mit ca. 200 ml Kochsud, etwas Balsamico-Essig, etwas Olivenöl und 2 El Dijon-Senf zu einer sämigen Vinaigrette mixen. Mit Salz und Pfeffer abschmecken.

3 Die Rehleber waschen, abtrocknen und in Scheiben schneiden. Anschließend mit etwas Mehl bestäuben und in heißem Butterschmalz rosa braten. Salzen und pfeffern. Das Rote-Bete-Carpaccio mit der Vinaigrette beträufeln und die gebratene Rehleber darauf anrichten.

Kaninchenfilet mit Artischockenpüree

Für 4 Portionen
6 Artischockenböden a. d. Dose ♦ 8 El Walnussöl ♦ ca. 1 Tl Zitronensaft ♦ Salz ♦ frisch gemahlener weißer Pfeffer ♦ 2 Schalotten ♦ 4 Tomaten ♦ 1 Bund Schnittlauch ♦ 3 El Balsamico-Essig ♦ 4 Kaninchenfilets ♦ 2 El Öl ♦ 3 El Paniermehl

Zubereitungszeit: ca. 30 Minuten

pro Portion:
ca. 240 kcal / 1006 kJ
22 g E ♦ 14 g F ♦ 7 g KH

1 Artischockenböden abtropfen lassen und im Mixer mit der Hälfte des Walnussöls, etwas Zitronensaft, Salz und Pfeffer pürieren.

2 Schalotten schälen und fein hacken. Tomaten waschen, Stiel und Kerne entfernen und Fruchtfleisch fein würfeln. Schnittlauch waschen und trockenschütteln.

3 Restliches Öl mit Essig, Salz und Pfeffer zur Vinaigrette rühren. Schalotten, Tomaten und Schnittlauch darunter mischen. Die Kaninchenfilets in Öl ca. 5–6 Minuten braten. Salzen, pfeffern, in Alufolie einschlagen und ca. 5 Minuten ruhen lassen.

4 Artischockenpüree mit Paniermehl bestreuen und im Backofen unter dem Grill ca. 2 Minuten gratinieren. Die Filets in Streifen schneiden und mit dem Püree anrichten. Mit der Schalotten-Tomaten- Schnittlauch-Mischung garnieren und servieren.

Hirschleber Waldhüterart

Für 4 Portionen
4 Scheiben Hirschleber à 150 g ♦ 1–2 El Mehl ♦ 4 Zwiebeln ♦ 80 g Butter ♦ Salz ♦ Pfeffer ♦ 4 Scheiben Schinkenspeck

Zubereitungszeit: ca. 25 Minuten

pro Portion:
ca. 358 kcal / 1502 kJ
34 g E ♦ 22 g F ♦ 5 g KH

1 Hirschleber waschen und abtrocknen. Leber in Scheiben schneiden und mit etwas Mehl bestäuben. Zwiebeln schälen und in Ringe schneiden.

2 Die Leber in Butter von jeder Seite ca. 2–4 Minuten rosa braten. Mit Salz und Pfeffer würzen, herausnehmen und warm halten. Den Speck hineingeben, 3 Minuten kross braten und herausnehmen.

3 Anschließend die Zwiebeln in dem Bratfett bräunen. Die Leber wieder zurück in Pfanne geben, den Speck darauf legen und alles in der Pfanne servieren.

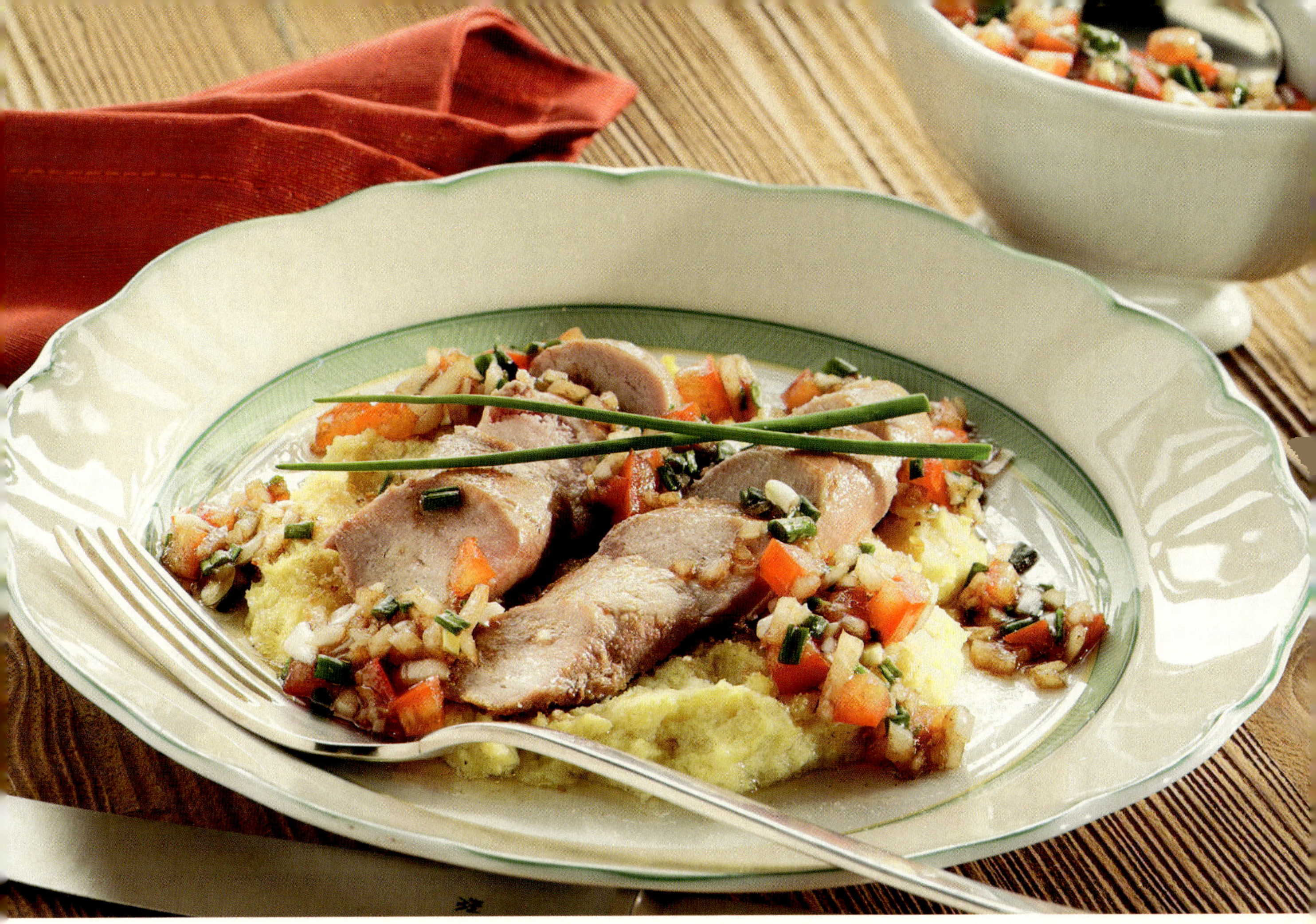
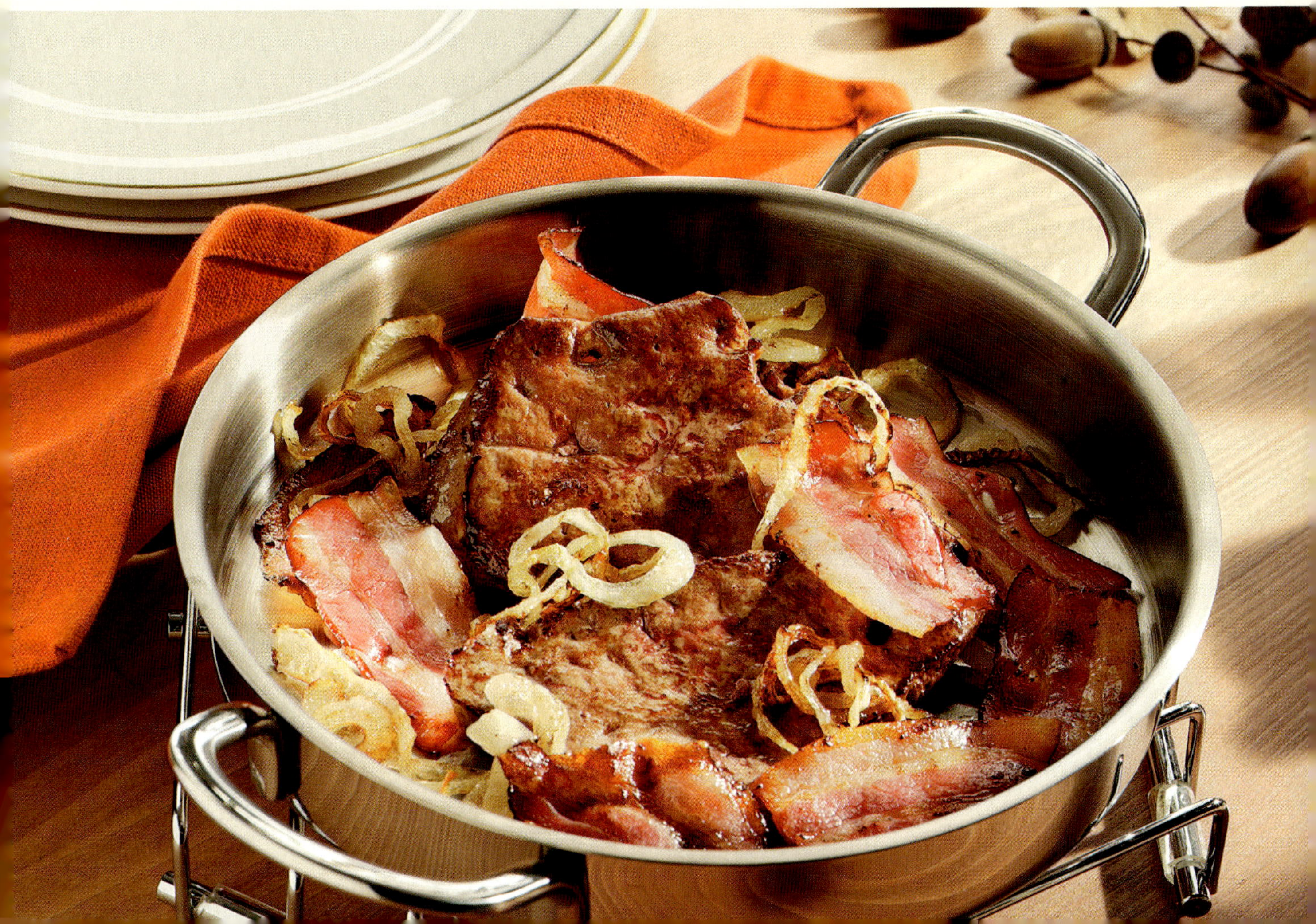

Kaninchenfilets mit Pfifferlingen und frischen Feigen

Für 4 Portionen
2 Kaninchenrückenfilets ♦ Öl zum Braten ♦ 1 kleiner Kopf Eichblattsalat ♦ 175 g Pfifferlinge ♦ 2 Frühlingszwiebeln ♦ 20 g Butter ♦ 2 Stiele Thymian ♦ Salz ♦ frisch gemahlener weißer Pfeffer ♦ 4 reife Feigen ♦ 2 El Sherryessig ♦ 2 El Crème de Cassis ♦ 3 El Olivenöl

Zubereitungszeit: ca. 25 Minuten (plus Bratzeit)

pro Portion:
ca. 240 kcal / 1009 kJ
11 g E ♦ 20 g F ♦ 5 g KH

Tipp:
Braten Sie anstelle der Pfifferlinge einmal Stockschwämmchen, Steinpilze oder blättrig geschnittene braune Champignons.

1. Die Filets in Öl ca. 3–4 Minuten braten. Herausnehmen, in Alufolie einwickeln und beiseite legen.

2. Salat waschen, trockenschütteln, zerpflücken und beiseite stellen. Pfifferlinge und Frühlingszwiebeln putzen. Frühlingszwiebeln waschen und in feine Ringe schneiden.

3. Pfifferlinge in der Butter so lange braten, bis das Wasser verdampft ist. Den Thymian waschen, trockenschütteln und von 1 Stiel die Blättchen zupfen. Restlichen Thymian beiseite legen. Frühlingszwiebel und Thymian zu den Pfifferlingen in die Pfanne geben und mitdünsten lassen. Alles mit Salz und Pfeffer abschmecken, abkühlen lassen.

4. Die Feigen häuten, halbieren und in Spalten schneiden. Aus Sherryessig, Crème de Cassis, Öl und 1 Prise Salz eine Vinaigrette rühren. Mit dem Salat vermischen. Die Filets aus der Folie nehmen und in Scheiben schneiden.

5. Blattsalat auf einer großen Platte anrichten. Pfifferlinge darüber verteilen. Kaninchenfilets darauf anrichten und mit Feigen und restlichem Thymian garnieren.

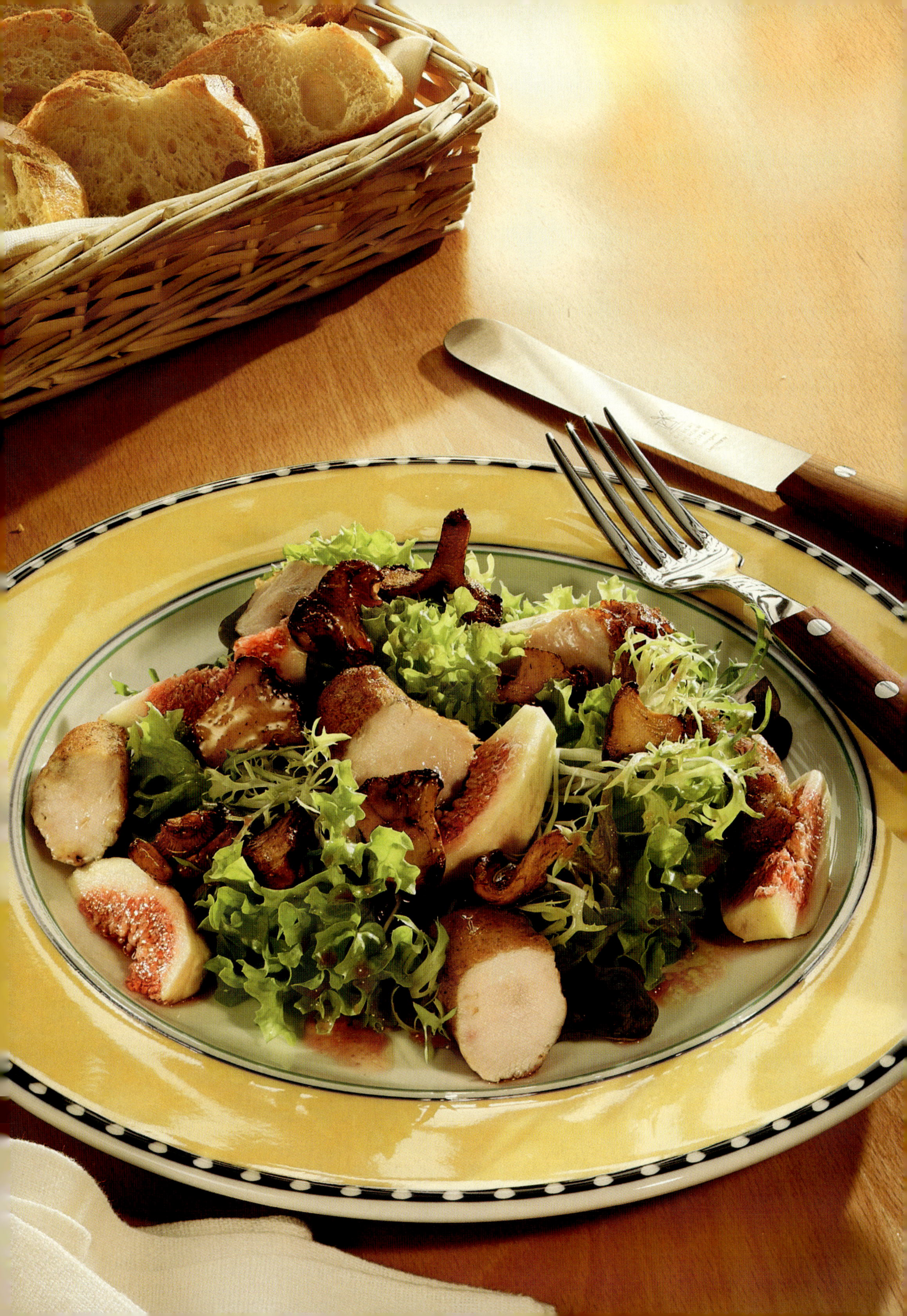

Hirschstrudel mit Porree

Für 4 Portionen
1 P. Blätterteig (ca. 400 g) ♦ 2–3 Stangen Porree ♦ 2–3 El Öl ♦ 500 g Gehacktes vom Hirsch ♦ 5 El Fleischbrühe ♦ Salz ♦ frisch gemahlener schwarzer Pfeffer ♦ 150 g alter Gouda ♦ Mehl ♦ Milch zum Bestreichen

Zubereitungszeit: ca. 30 Minuten (plus Backzeit)

pro Portion:
ca. 750 kcal / 3150 kJ
37 g E ♦ 53 g F ♦ 32 g KH

1 Blätterteig auftauen lassen. Den Backofen auf 200 °C vorheizen. Den Porree putzen, waschen und in Ringe schneiden. Öl in einem Topf erhitzen und Hirschhack und Porree darin anbraten. Die Fleischbrühe zugießen, aufkochen, salzen und pfeffern und abkühlen lassen.

2 Den Käse in kleine Würfel schneiden und mit dem erkalteten Fleisch vermengen. Blätterteig auf einer bemehlten Arbeitsfläche zu einer etwa 30 x 45 cm großen Teigplatte ausrollen. Die Füllung gleichmäßig auf dem Teig verteilen. Strudel vorsichtig aufrollen.

3 Die Nahtstellen und die Oberfläche mit etwas Milch bestreichen. Den Strudel im vorgeheizten Backofen bei 180 °C ca. 35 Minuten backen. Den warmen Strudel auf einem Gemüse- oder Salatbett servieren.

Hackbällchen vom Wild in Wirsingkohlblatt

Für 4 Portionen
200 g Wildgehacktes ♦
1 Stange Porree ♦ 1 Zwiebel ♦
1 Knoblauchzehe ♦ 40 g Butter ♦
1–2 El Weißwein ♦ 1–2 El
Preiselbeeren ♦ 1 Tl gehackte
Rosmarinnadeln ♦ 1 Tl gehackte
Thymiannadeln ♦ 1 Ei ♦ Chilipulver ♦ Salz ♦ 4 blanchierte
Blätter Wirsing ♦ 125 ml
Gemüsebrühe

Zubereitungszeit: ca. 20 Minuten
(plus Garzeit)

pro Portion:
ca. 253 kcal / 1061 kJ
13 g E ♦ 21 g F ♦ 3 g KH

1 Backofen auf 175 °C vorheizen. Hackfleisch in eine Schüssel geben. Porree putzen, waschen und in Ringe schneiden. Zwiebel und Knoblauch schälen und klein hacken. Alles in 2/3 der Butter anschwitzen und zu dem Hack geben.

2 Mit Weißwein, Preiselbeeren, Kräutern, Ei, Chilipulver und Salz verkneten. Fleischmasse auf die Wirsingblätter verteilen, zu Kugeln formen und in eine gebutterte Auflaufform legen.

3 Mit der Brühe übergießen und zugedeckt im Backofen bei 160 °C ca. 20 Minuten schmoren.

Würziger Hasentopf

Für 4 Portionen
1 küchenfertiger Hase ♦ Salz ♦ frisch gemahlener schwarzer Pfeffer ♦ 3–4 El Kräutersenf ♦ 80 g durchwachsenen geräucherten Bauchspeck ♦ 1 El Öl ♦ 250 ml Fleischbrühe ♦ 2 Zweige Rosmarin ♦ 1 Zweig Oregano ♦ 250 ml Weißbier ♦ 1 Lorbeerblatt ♦ 4 Zwiebeln ♦ 4 Knoblauchzehen ♦ 300 g Tomaten a.d. Dose ♦ 300 g saure Sahne ♦ 2–3 El Cognac

Zubereitungszeit: ca. 25 Minuten (plus Bratzeit)

pro Portion:
ca. 425 kcal / 1785 kJ
17 g E ♦ 32 g F ♦ 11 g KH

1 Den Hasen in Stücke zerteilen. Die Stücke salzen, pfeffern und dick mit Kräutersenf bestreichen.

2 Speck würfeln und mit Öl in einem Bräter braten. Fleischstücke darin kräftig braun anbraten und die Fleischbrühe zugießen.

3 Kräuter waschen, trockenschütteln und die Blättchen abzupfen und hacken. Kräuter, Bier und Lorbeerblatt zugeben und alles zugedeckt ca. 1 Stunde schmoren lassen.

4 Zwiebeln und Knoblauch schälen, klein würfeln und nach der Hälfte der Schmorzeit zugeben. Tomaten grob zerteilen und mit der sauren Sahne ca. 15 Minuten vor Ende der Garzeit zugeben. Sauce abschmecken, mit Cognac verfeinern und den Hasentopf mit frischem Baguette servieren.

Italienischer Kaninchensalat

Für 4 Portionen
1 Bund Suppengrün ♦ 1 1/2 kg küchenfertige Kaninchenkeulen ♦ Salz ♦ Saft von 3 Zitronen ♦ 12 frische Salbeiblätter ♦ 2 Knoblauchzehen ♦ 200 ml kalt gepresstes Olivenöl

Zubereitungszeit: ca. 30 Minuten (plus Koch- und Marinierzeit)

pro Portion:
ca. 498 kcal / 2089 kJ
49 g E ♦ 31 g F ♦ 5 g KH

1 Das Suppengrün putzen, waschen und grob zerteilen. Die Kaninchenkeulen in 1 1/2 l Wasser geben. Das Suppengrün hinzufügen und alles zum Kochen bringen.

2 Alles kräftig salzen und bei mittlerer Hitze ca. 1 Stunde offen kochen lassen, dabei gelegentlich abschäumen. Wenn das Fleisch gar ist, vom Sud bedeckt abkühlen lassen. Das erkaltete Fleisch herausnehmen und abtropfen lassen. Fleisch vom Knochen lösen und klein schneiden.

3 Den Zitronensaft in eine große Schüssel geben. Den Salbei waschen, trockenschütteln, in Streifen schneiden und hinzufügen. Den Knoblauch schälen und hinzupressen. Das Öl unterschlagen. Das Fleisch zur Sauce geben. Alles sorgfältig vermischen und über Nacht durchziehen lassen.

Hirschgulasch mit Cashewkernen

Für 4 Portionen
1 kg Hirschgulasch • Salz • Pfeffer • 1 El Majoran • 1 Tl Thymian • 2 Zwiebeln • 1 Bund Suppengrün • 2 El Butterschmalz • 2 El Tomatenmark • 250 ml Rotwein • 600 ml Gemüsebrühe • 250 ml Sahne • Speisestärke zum Binden • je 50 g grob gehackte Cashewkerne und Walnusshälften • 100 g Maronen

Zubereitungszeit: ca. 20 Minuten (plus Bratzeit)

pro Portion:
ca. 815 kcal / 3423 kJ
59 g E • 51 g F • 22 g KH

1 Backofen auf 200 °C vorheizen. Gulasch mit Salz, Pfeffer, Majoran und Thymian einreiben. Die Zwiebeln schälen und klein hacken. Suppengrün putzen, waschen und klein schneiden.

2 Butterschmalz in einem Bräter erhitzen, Hirschgulasch darin ca. 5 Minuten kräftig braun braten. Zwiebeln und Suppengrün dazugeben und mitbraten. Tomatenmark einrühren und 1 Minute mitrösten. Rotwein und Brühe angießen.

3 Das Hirschgulasch zugedeckt im vorgeheizten Backofen 180 °C ca. 75 Minuten schmoren lassen. Herausnehmen, die Sahne einrühren und die Sauce mit etwas angerührter Speisestärke binden. Das Ganze abschmecken, die grob gehackten Nüsse einrühren und alles aufkochen lassen. Das Hirschgulasch anrichten und servieren.

Wildschweinkoteletts

Für 4 Portionen
4 Tomaten • 40 g Butter • 175 g frische Champignons • 12 Wildschweinkoteletts mit Knochen (à 60 g) • Mehl • 1 El Öl • Salz • frisch gemahlener schwarzer Pfeffer • 4 Scheiben Frühstücksspeck

Zubereitungszeit: ca. 15 Minuten (plus Brat- und Kochzeit)

pro Portion:
ca. 338 kcal / 1418 kJ
43 g E • 16 g F • 5 g KH

1 Tomaten waschen, oben kreuzweise einschneiden und je 1 Butterflocke darauf legen. Champignons putzen und bürsten.

2 Restliche Butter in einem Topf erhitzen. Die Tomaten und die Champignons hineingeben und zugedeckt ca. 7 Minuten schmoren.

3 Die Koteletts mit wenig Mehl bestäuben. Öl erhitzen und Koteletts darin ca. 4 Minuten von jeder Seite braten. Der Fettrand sollte knusprig werden. Salzen, pfeffern und herausnehmen. Im Bratfett den Speck kross braten und mit den Tomaten und den Pilzen zu den Koteletts servieren.

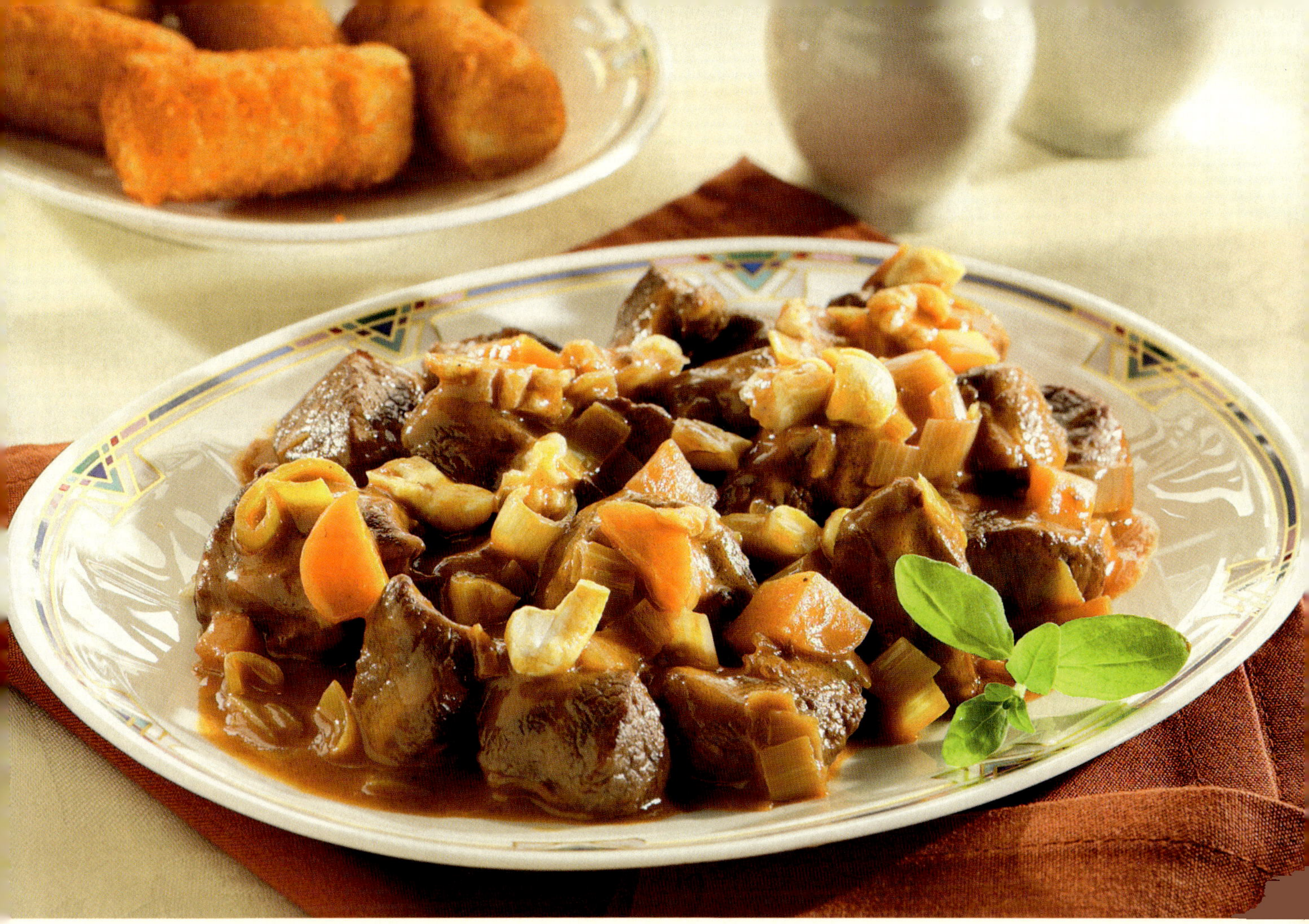

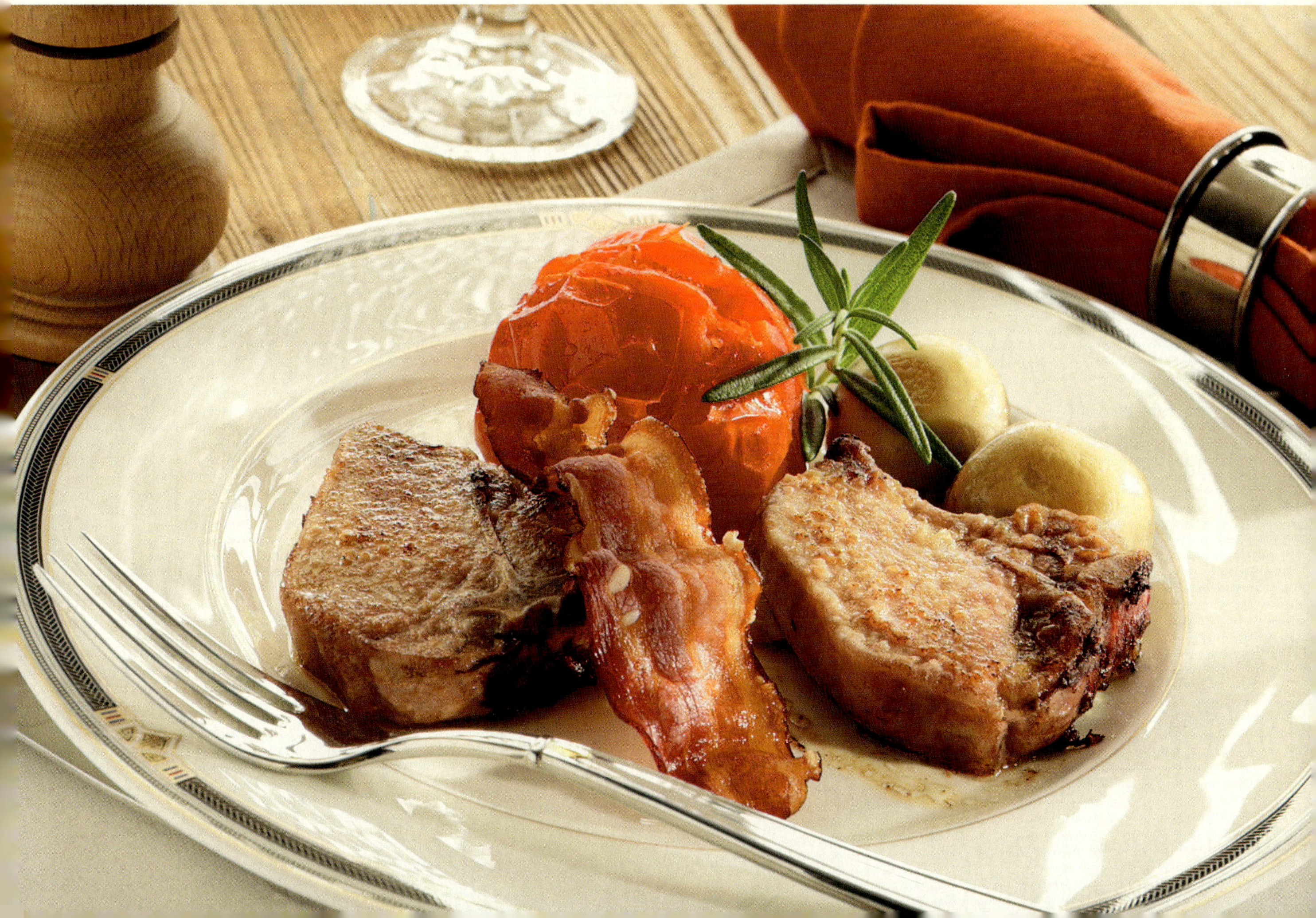

Pikante Leberspieße

Für 4 Portionen
4 Holzspieße ♦ 400 g Kaninchen- oder Hasenleber ♦ 4 Schalotten ♦ 3 Äpfel ♦ 2 El Olivenöl ♦ 4 El Balsamico ♦ Meersalz ♦ grob geschroteter Pfeffer ♦ 1 El Honig ♦ 1 El Butter

Zubereitungszeit: ca. 30 Minuten (plus Bratzeit)

pro Portion:
ca. 275 kcal / 1155 kJ
21 g E ♦ 12 g F ♦ 19 g KH

1 Die Holzspieße in kaltes Wasser legen. Die Leber putzen und von groben Hautteilen befreien. Die Leber waschen, abtrocknen und in mundgerechte Stücke schneiden.

2 Die Schalotten schälen und in dünne Scheiben schneiden. Die Äpfel waschen, vom Kerngehäuse befreien und die Frucht in dicke Spalten schneiden.

3 Die Spieße aus dem Wasser nehmen, abtropfen lassen und Leberstücke, Apfelspalten und Schalotten im Wechsel aufspießen.

4 Das Olivenöl erhitzen und die Spieße darin von jeder Seite 2–3 Minuten braten, herausnehmen und mit Balsamico beträufeln.

5 Die Leberspieße salzen und pfeffern. Honig mit der Butter erhitzen, restliche Äpfel und Zwiebel darin dünsten und zu den Spießen servieren.

Lasagne mit Wild

Für 4 Portionen
Ca. 400 g gegarter Wildbraten ♦ 1 rote Paprikaschote ♦ 150 g durchwachsener Speck ♦ 2 Zwiebeln ♦ 1 Knoblauchzehe ♦ 20 g Butter ♦ 1/2 Bund Petersilie ♦ je 250 ml saure und süße Sahne ♦ 2 Zweige Thymian ♦ frisch geriebene Muskatnuss ♦ Salz ♦ frisch gemahlener schwarzer Pfeffer ♦ 350 g Lasagneblätter ohne Kochen ♦ 125 g geraspelter Käse ♦ 150 g Mozarella

Zubereitungszeit: ca. 20 Minuten (plus Backzeit)

pro Portion:
ca. 898 kcal / 3770 kJ
53 g E ♦ 50 g F ♦ 60 g KH

1 Den Backofen auf 220 °C vorheizen. Wildbraten in Streifen schneiden. Die Paprikaschote putzen, halbieren, entkernen, waschen und in Streifen schneiden. Den Speck klein würfeln. Die Zwiebeln und den Knoblauch schälen und klein würfeln.

2 Die Butter erhitzen, Zwiebeln und Knoblauch darin glasig werden lassen. Speck und Paprika hinzufügen und 4 Minuten mitbraten.

3 Petersilie waschen, trockenschütteln und fein hacken. 1 El beiseite stellen, restliche Petersilie mit Sahne, Thymian, Muskatnuss, Salz und Pfeffer verrühren und unter die Zutaten in der Pfanne rühren.

4 Fleisch, Lasagneblätter, Sauce und geraspelten Käse in eine Auflaufform einschichten. Mozarella würfeln und darauf verteilen. Alles im vorgeheizten Backofen bei 220 °C ca. 25 Minuten backen.

Gegrillte Wildburger

Für 4 Portionen
450 g gehacktes Wild ♦ 1 Ei ♦ 1 El gehackter frischer Thymian ♦ 1 El gehackte frische Petersilie ♦ Salz ♦ Pfeffer ♦ 8 Scheiben durchwachsenen Speck ♦ Öl ♦ 4 Weizenbrötchen ♦ 3 rote Äpfel ♦ 50 g Butter ♦ 1 1/2 El gemahlener Zimt ♦ 1 Prise frisch geriebene Muskatnuss ♦ Kopfsalatblätter

Zubereitungszeit: ca. 30 Minuten (plus Bratzeit)

pro Portion:
ca. 453 kcal / 1903 kJ
35 g E ♦ 19 g F ♦ 35 g KH

1 Wildhack, Ei, Kräuter, Salz und Pfeffer verkneten und zu 4 Hamburgern formen. Je 2 Speckscheiben um einen Hamburger wickeln. Grillrost mit etwas Öl bestreichen, Hamburger ca. 6 Minuten auf beiden Seiten grillen, bis sie gar sind.

2 Brötchen halbieren und auf dem Grill leicht rösten. Äpfel waschen, vom Kerngehäuse befreien und in dicke Scheiben schneiden. Butter in 2 großen Pfannen erhitzen und die Apfelscheiben darin ca. 4 Minuten weich braten, sie sollten aber nicht zerfallen. Mit Zimt und Muskat bestreuen und warm halten.

3 Kopfsalatblätter waschen, trockenschütteln und auf die unteren Brötchenhälften verteilen. Apfelscheiben und Hamburger darauf schichten, anschließend mit den oberen Brötchenhälften bedecken und sofort servieren.

Rehschnitzel

Für 4 Portionen
ca. 1 kg Rehfleisch aus der Keule ♦ Salz ♦ Pfeffer ♦ 2 El frisch gehackte Petersilie ♦ abgeriebene Schale von 1/2 Zitrone ♦ 1–2 Eier ♦ Mehl zum Panieren ♦ Paniermehl ♦ Butterschmalz zum Braten

Zubereitungszeit: ca. 35 Minuten

pro Portion:
ca. 395 kcal / 1659 kJ
61 g E ♦ 15 g F ♦ 5 g KH

1 Das Rehfleisch von den Knochen lösen, anschließend in kleine Schnitzel schneiden und die Schnitzel plattieren. Die Schnitzel von beiden Seiten mit Salz, Pfeffer, Petersilie und Zitronenschale würzen.

2 Die Eier verquirlen und die Schnitzel nacheinander in Mehl, Ei und Paniermehl wenden.

3 Das Butterschmalz in der Pfanne erhitzen, die Schnitzel darin vorsichtig in ca. 3–4 Minuten goldgelb backen. Dazu schmeckt ein knackiger Kartoffel-Feldsalat.

Reisfleisch vom Wildschwein

Für 4 Portionen
600 g Wildschweinfleisch a. d. Keule ♦ 2–3 El Mehl ♦ 4 Zwiebeln ♦ 2 Knoblauchzehen ♦ 5 El Öl ♦ Salz ♦ frisch gemahlener schwarzer Pfeffer ♦ 80 g gewürfelter durchwachsener Bauchspeck ♦ 3 El Tomatenmark ♦ 1 El Paprikapulver, edelsüß ♦ 4–5 El Rotwein ♦ 3/4–1 l Gemüsebrühe (Instant) ♦ 3 zerdrückte Wacholderbeeren ♦ 300 g Langkornreis ♦ 1–2 El Preiselbeeren ♦ 6 El Sahne ♦ 1 El Mehl ♦ glatte Petersilie zum Garnieren

Zubereitungszeit: ca. 20 Minuten (plus Bratzeit)

pro Portion:
ca. 783 kcal / 3287 kJ
37 g E ♦ 39 g F ♦ 68 g KH

1 Das Fleisch würfeln und mit Mehl bestäuben. Zwiebeln und Knoblauch schälen. Die Zwiebeln klein würfeln. Knoblauch beiseite stellen.

2 Die Fleischwürfel portionsweise in heißem Öl anbraten. Anschließend salzen, pfeffern und herausnehmen. Zwiebel, Speck und Tomatenmark im verbliebenen Fett glasig anschwitzen. Mit Paprikapulver bestäuben, gut durchrühren und sofort mit dem Rotwein ablöschen. Anschließend die Brühe zugießen.

3 Fleisch wieder zurück in die Pfanne geben. Wacholderbeeren zerdrücken und mit dem Knoblauch zugeben. Alles etwa 30 Minuten schmoren lassen.

4 Reis und Preiselbeeren untermengen, durchrühren und weitere 20 Minuten schmoren lassen. Die Sahne mit dem Mehl verrühren, unter das Reisfleisch rühren und aufkochen lassen. Mit etwas Petersilie garnieren und servieren.

Tipp:
Bereiten Sie das Fleisch als Geschnetzeltes zu und servieren Sie es als Wilddöner im türkischem Fladenbrot, das Sie mit einigen Salatblättern füllen.

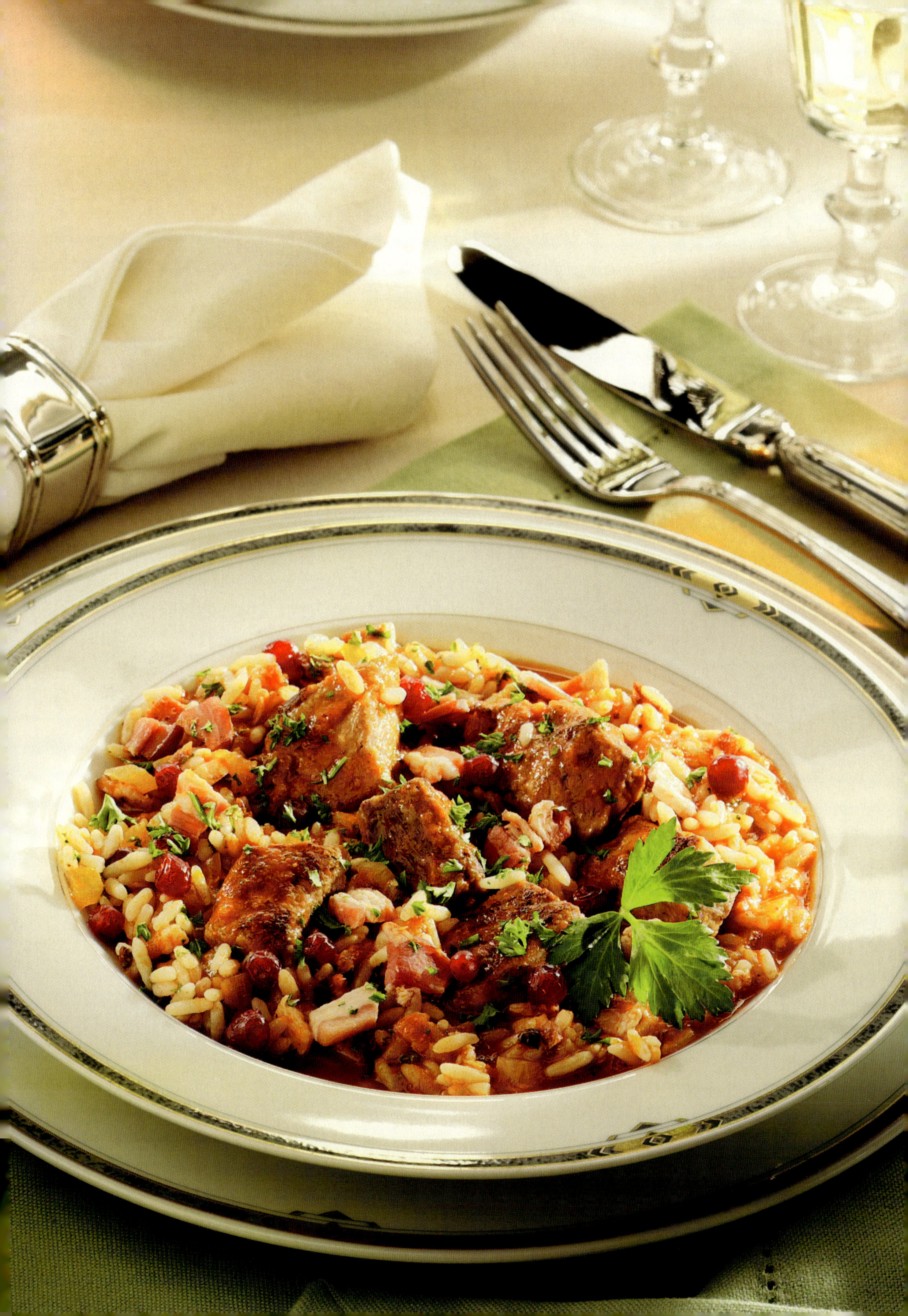

Hirschpfeffer mit Backpflaumen in Printensauce

Für 4 Portionen
12 Backpflaumen • 1–2 El Apfelsaft • 1 Prise gemahlener Zimt • 2 El Öl • 1 kg Hirschgulasch • Pfeffer • Salz • je 100 g Möhren, Sellerie und Zwiebeln • 1 El Tomatenmark • 3 Lorbeerblätter • 10 Wacholderbeeren • 500 ml Rotwein • 100 g Printen

Zubereitungszeit: ca. 30 Minuten (plus Garzeit)

pro Portion:
ca. 755 kcal / 3171 kJ
58 g E • 18 g F • 66 g KH

1 Backpflaumen in Apfelsaft und Zimt einweichen. Inzwischen in einem Bräter das Öl erhitzen und das Fleisch darin 5 Minuten kräftig anbraten, salzen und pfeffern.

2 Gemüse putzen, waschen und grob gewürfelt ca. 5 Minuten mitrösten. Tomatenmark, Lorbeerblätter und Wacholderbeeren hineingeben. 2 Minuten rühren und Rotwein hinzugießen. Etwa 10 Minuten stark kochen lassen, 1 Liter Wasser dazugießen, aufkochen und bei mittlerer Hitze ohne Deckel 1 Stunde köcheln lassen.

3 Fleisch und Gemüse herausnehmen. Das Gemüse durch ein Sieb auf das Fleisch passieren. Warm stellen. Die Printen würfeln, in die Sauce rühren und auflösen. Fleisch zurück in die Sauce geben, die eingeweichten Backpflaumen dazugeben. Alles kurz erhitzen und mit Spätzle servieren.

Gefüllte Hirschsteaks

Für 4 Portionen
4 Hirschsteaks à 150 g • 2 El Öl • Salz • Pfeffer • 4 Tl Zucker • 2–3 El Weinbrand • 2 El Butter • 1 Dose Kastanienpüree (ca. 100 g) • 80 g Crème fraîche • 4 gewaschene Salatblätter • Esskastanien zum Anrichten

Zubereitungszeit: ca. 25 Minuten

pro Portion:
ca. 388 kcal / 1628 kJ
32 g E • 22 g F • 14 g KH

1 Hirschsteaks in Öl ca. 4 Minuten auf jeder Seite braten. Salzen, pfeffern und herausnehmen.

2 Den Zucker im verbleibenen Fett karamellisieren. Die Steaks darin wenden, mit Weinbrand ablöschen und in der Pfanne abkühlen lassen. Die Butter zerlassen und etwas abkühlen lassen.

3 Kastanienpüree in eine Schüssel geben. Butter und Crème fraîche darunter rühren. Die Steaks aus der Pfanne nehmen, waagerecht durchschneiden, mit dem Püree füllen und auf Salat anrichten.

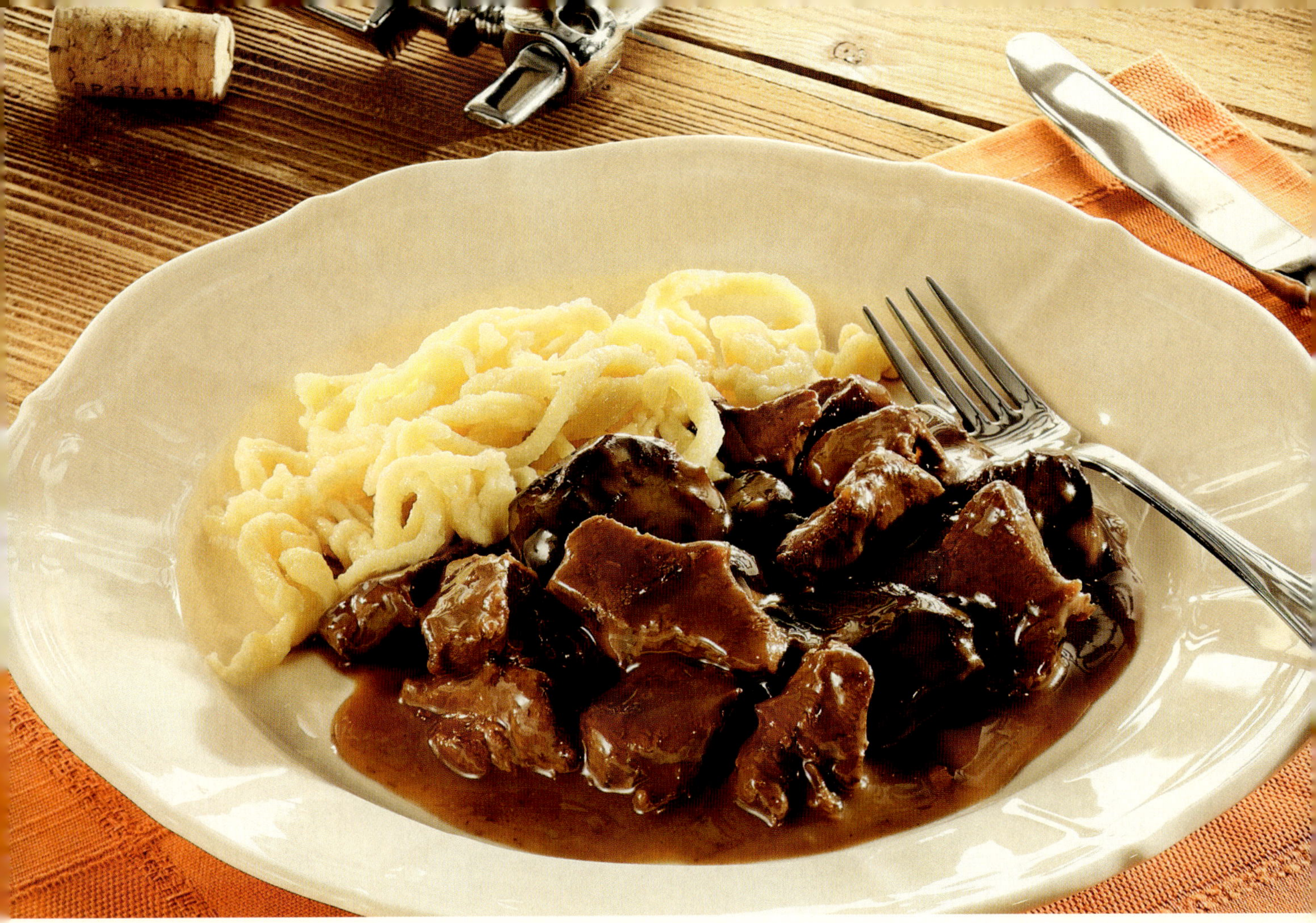

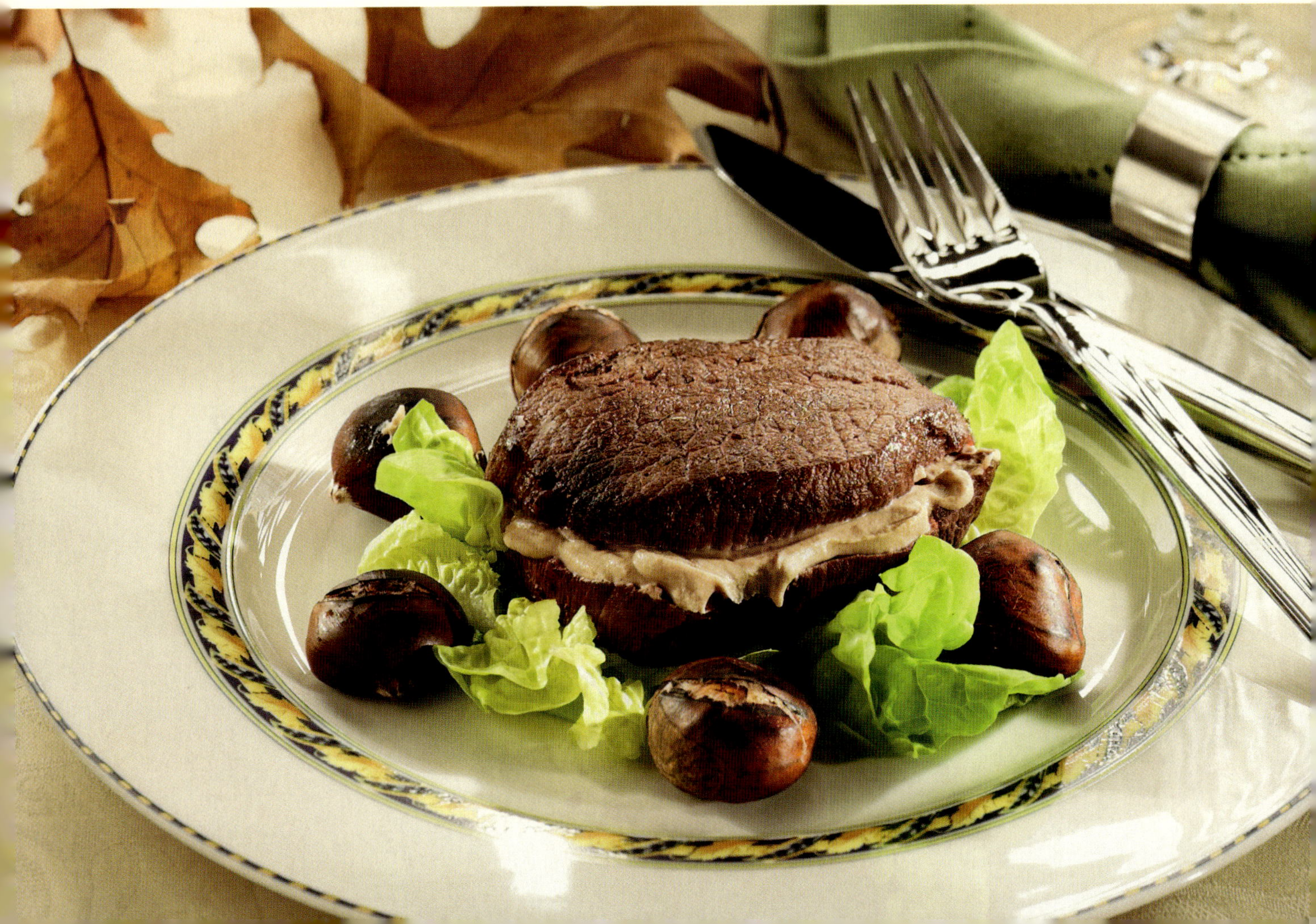

Rehnüsschen in Kartoffelteig

Für 4 Portionen
1 Gemüsezwiebel ♦ 1 El Öl ♦ 1 El frischer Thymian ♦ 1 El frischer Rosmarin ♦ Salz ♦ Pfeffer ♦ 1 Gewürznelke ♦ 2 gestoßene Pimentkörner ♦ 1–2 Lorbeerblätter ♦ 150 ml Rotwein ♦ 4 gebratene Rehnüsschen (à ca. 150 g) ♦ 200 ml Sahne ♦ 40 g Hefe ♦ 125 ml lauwarmes Wasser ♦ 125 g Mehl ♦ 1 Tl Salz ♦ 250 g Pellkartoffeln ♦ 1 Eigelb

Zubereitungszeit: ca. 50 Minuten (plus Zeit zum Gehen)

pro Portion:
ca. 535 kcal / 2247 kJ
41 g E ♦ 22 g F ♦ 36 g KH

1 Backofen auf 200 °C vorheizen. Zwiebel schälen, würfeln und in Öl glasig dünsten. Kräuter und Gewürze dazugeben, ca. 2 Minuten braten und Rotwein zugießen. Das Fleisch darin erhitzen und anschließend abkühlen lassen.

2 Fond mit der Sahne verrühren und mit Pfeffer und Salz abschmecken.

3 Aus Hefe, Wasser, Mehl und Salz einen Hefeteig zubereiten. Kartoffeln pellen und durch eine Presse drücken. Unter den Teig kneten, 30 Minuten gehen lassen.

4 Teig ausrollen, Fleisch darin einpacken und mit einer Gabel einstechen. Auf ein gefettetes Backblech legen und mit verquirltem Eigelb bestreichen Im vorgeheizten Backofen bei 225 °C ca. 20 Minuten backen. Rehnüsschen anrichten, Sauce erhitzen und beides zusammen servieren.

Gratinierte Hirschkoteletts

Für 4 Portionen
4 Hirschkoteletts ♦ 150 g Champignons ♦ 500 ml Béchamelsauce (FP) ♦ 3 El geriebener Parmesan ♦ 1 Eigelb ♦ Salz ♦ Pfeffer ♦ 6 El Butter ♦ 2 El Öl

Zubereitungszeit: ca. 45 Minuten

pro Portion:
ca. 705 kcal / 2961 kJ
41 g E ♦ 54 g F ♦ 15 g KH

1 Den Backofen auf 225 °C vorheizen. Die Champignons putzen und klein schneiden.

2 In die kalte Béchamelsauce den Käse hineinrühren, anschließend mit dem Eigelb legieren. Die Sauce unter Rühren erhitzen, aber nicht aufkochen lassen. Mit Salz und Pfeffer abschmecken und 2 El Butter darunter rühren.

3 3 El Butter mit dem Öl in einer Pfanne erhitzen, die Koteletts auf jeder Seite ca. 3 Minuten braten, herausnehmen. Eine Auflaufform mit der restlichen Butter einfetten und die Koteletts hineinlegen. Mit Salz und Pfeffer würzen.

4 Die Champignons unter die Sauce mischen. Die Koteletts mit der Sauce überziehen und im vorgeheizten Backofen bei 225 °C ca. 15 Minuten überbacken.

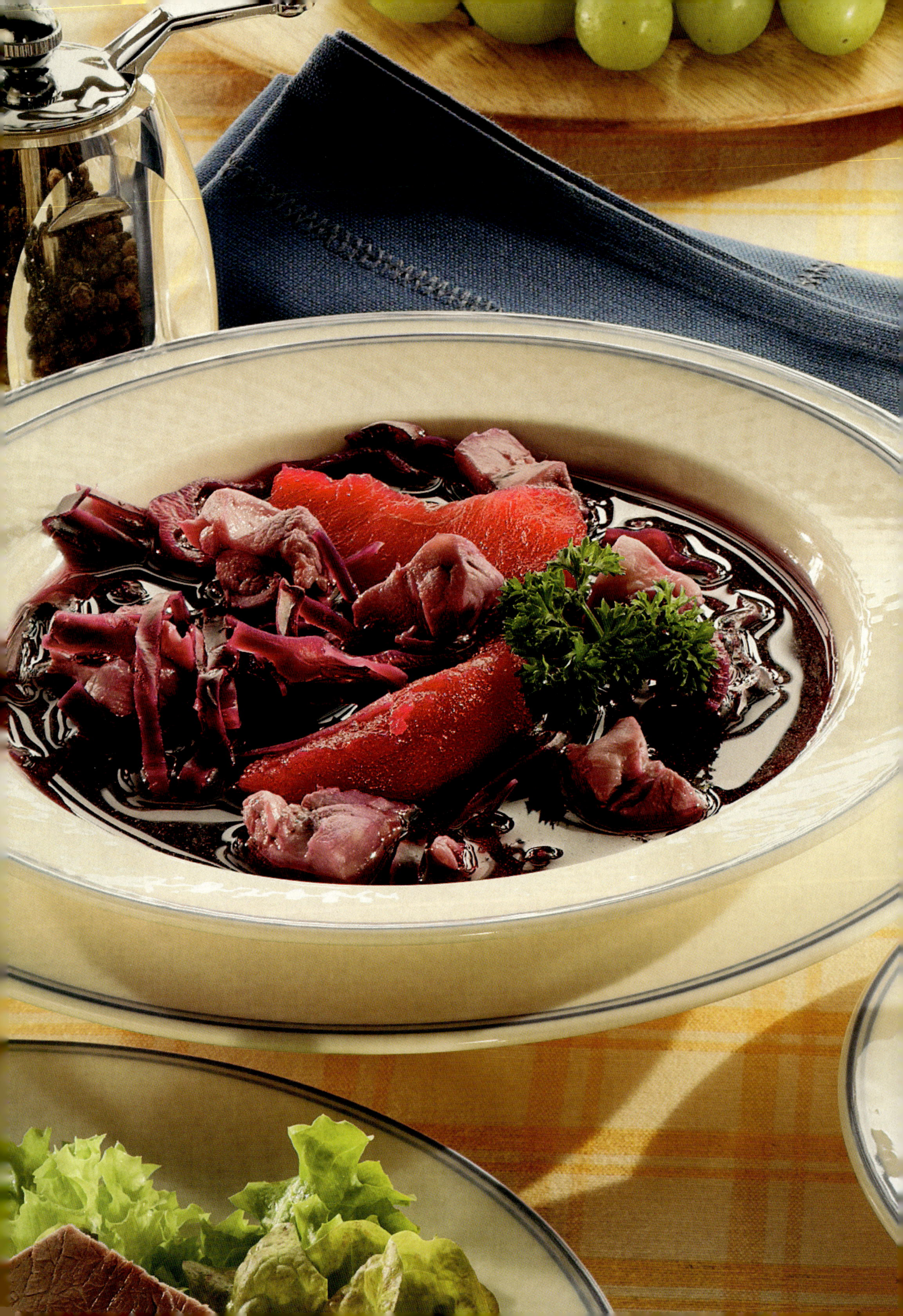

Suppen und Pasteten

Raffiniert, problemlos zubereitet und absolut köstlich — so präsentieren sich Suppen und Pasteten aus Wildgeflügel. Beliebte Klassiker und delikate neue Kreationen laden zum Nachkochen ein.

Gänseleber-Pastete

Für 4 Portionen
1 große Gänseleber ♦ Milch zum Einlegen ♦ Salz ♦ 2–3 Trüffeln ♦ 400 g Schweinefleisch ♦ 60 g geräucherter Speck ♦ 6 Champignons ♦ 3 Sardellen ♦ abgeriebene Schale von 1 unbehandelten Zitrone ♦ 2 Eier ♦ Pastetengewürz ♦ Butter zum Einfetten ♦ 2 dünne Scheiben Speck

Zubereitungszeit: ca. 20 Minuten (plus Garzeit)

pro Portion:
ca. 520 kcal / 2184 kJ
63 g E ♦ 25 g F ♦ 13 g KH

1 Gänseleber ca. 2 Stunden in Milch legen, anschließend abtrocknen und häuten. Die Leberkanten abschneiden, die Leber in 2 Teile teilen und mit Salz bestreuen.

2 Trüffel klein schneiden. Leber einige Male leicht einschneiden und Trüffelstückchen hineinstecken. Das Schweinefleisch mit Speck sowie den abgeschnittenen Leberstückchen 2-mal durch einen Fleischwolf drehen.

3 Champignons putzen, sauber bürsten und klein schneiden. Sardellen fein hacken, mit etwas Zitronenschale und einigen gehackten Champignons zur Fleischmasse geben und 2–3-mal durch den Fleischwolf drehen. Eier, Salz und etwas Pastetengewürz dazugeben.

4 Terrinenform mit Butter einfetten und die Hälfte der Masse hineinfüllen. Die Leber hineinlegen und mit der restlichen Masse bedecken. Mit den Speckscheiben abdecken und Terrinenform schließen. Die Fettpfanne mit kochendem Wasser füllen, Terrine hineinstellen und bei 100 °C ca. 2 Stunden garen lassen.

Tipp:
Nehmen Sie anstelle des Schweinefleisches einmal Puten- oder Hähnchenfleisch und würzen Sie die Pastete zusätzlich mit etwas Zitronensaft.

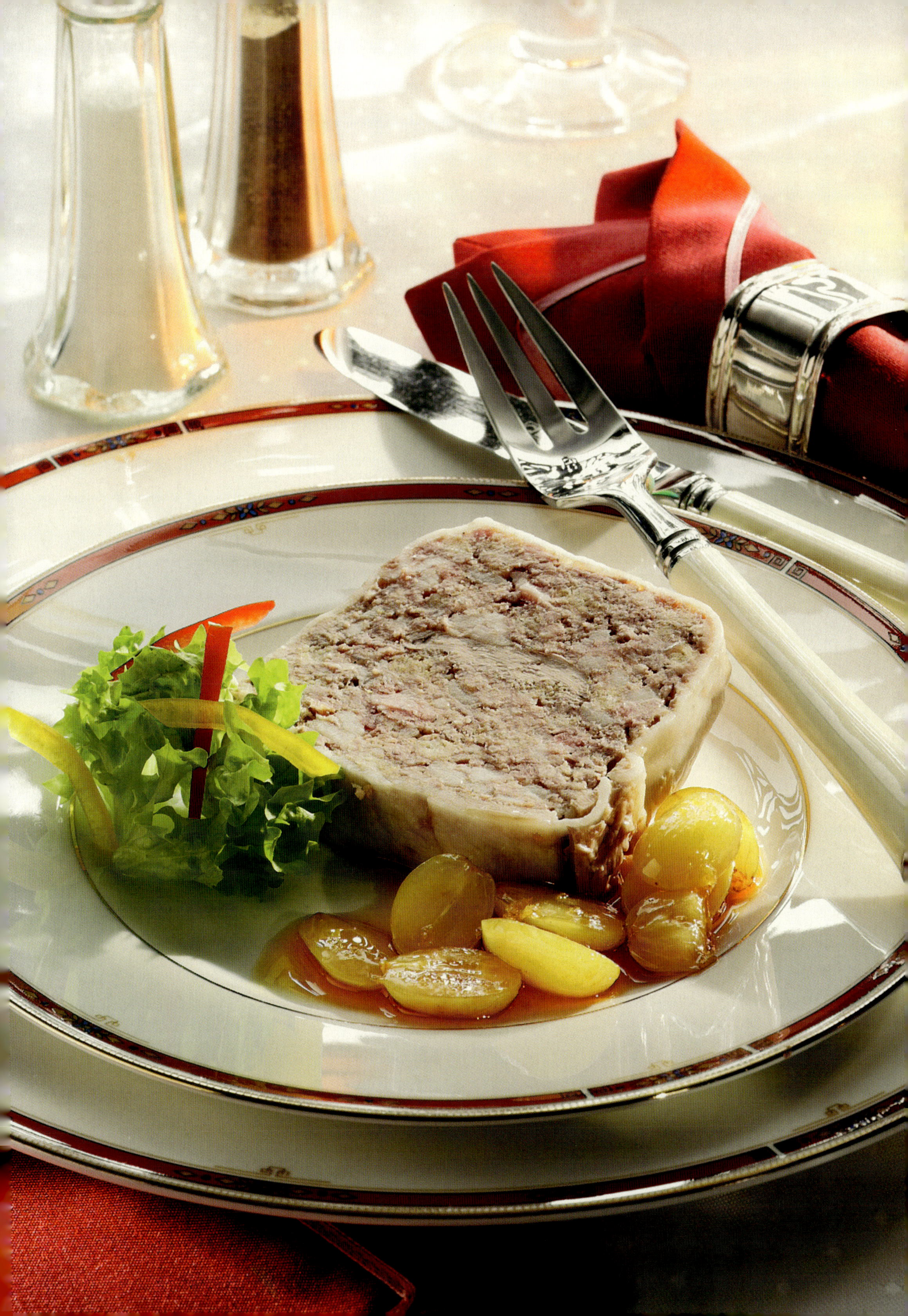

Fasanensuppe

Für 4 Portionen
1 Karkasse vom Fasan mit Innereien ♦ 1 El Öl ♦ 1 Bund Suppengrün ♦ Salz ♦ 4 Wacholderbeeren ♦ 60 g Bauchspeck ♦ 30 g Mehl ♦ frisch gemahlener schwarzer Pfeffer ♦ 1 Dose Pfifferlinge (ca. 100 g) ♦ 2 cl Portwein ♦ 200 ml Sahne ♦ 1 Bund glatte gehackte Petersilie

Zubereitungszeit: ca. 25 Minuten (plus Kochzeit)

pro Portion:
ca. 375 kcal / 1575 kJ
8 g E ♦ 34 g F ♦ 10 g KH

1 Karkasse und Innereien waschen, abtrocknen und in Öl ca. 4 Minuten braun anbraten. Das Suppengrün waschen, putzen, grob zerkleinert hinzufügen und ca. 1 Minute mitbraten lassen. 1 Liter Wasser hinzugießen und zum Kochen bringen. Suppe salzen und zerdrückte Wacholderbeeren hinzufügen. Alles zugedeckt ca. 30 Minuten kochen lassen.

2 Den Speck klein würfeln und in einem zweiten Topf ausbraten. Das Mehl darüber stäuben und hellbraun anschwitzen. Die Fasanenbrühe durchsieben und mit der Mehlschwitze glatt verrühren und aufkochen lassen. Die abgetropften Pfifferlinge hinzugeben und die Suppe pfeffern.

3 Alles ca. 5 Minuten durchkochen lassen. Mit dem Portwein abschmecken. Die Sahne halbsteif schlagen. Die Suppe anrichten und mit Sahne und Petersilie garnieren.

Leberpastete mit Walnüssen

Für 4 Portionen
250 g Geflügelleber ◆ 5 Salbeiblätter ◆ 1 Tl Öl ◆ 1 Tl Sojasauce ◆ Salz ◆ frisch gemahlener Pfeffer ◆ Worcestersauce ◆ 100 g Butter ◆ 10 Walnusskerne

Zubereitungszeit: ca. 25 Minuten (plus Brat- und Kühlzeit)

pro Portion:
ca. 613 kcal / 2573 kJ
20 g E ◆ 56 g F ◆ 9 g KH

1 Leber waschen, abtrocknen und würfeln. Mit dem Salbei in Öl ca. 3 Minuten kräftig anbraten. Hitze reduzieren und ca. 5 Minuten ziehen lassen, die Leber sollte innen noch rosa sein.

2 Die Hälfte der Leber lauwarm mit Salz, Pfeffer, Saucen und Butter pürieren und abschmecken. Restliche Leber in Streifen schneiden, Walnusskerne vierteln.

3 Lebercreme und -streifen sowie die Nüsse in eine passende Form einschichten und kalt stellen. Zum Servieren stürzen und aufschneiden.

Rotkohlsuppe mit Fasan und Pflaumen

Für 4 Portionen
1 Zwiebel • 2 El Gänseschmalz •
500 g Rotkohl a.d. Glas •
2 Äpfel, z.B. Boskop • 500 ml
Rotwein • 2 Lorbeerblätter •
Salz • 1 bratfertiger Fasan •
3 Wacholderbeeren • 1 El süßer
Senf • 125 g weiche Trocken-
pflaumen o. Stein • Zucker •
Sherryessig • schwarzer Pfeffer •
saure Sahne nach Belieben •
Petersilie zum Garnieren

Zubereitungszeit: ca. 20 Minuten
(plus Kochzeit)

pro Portion:
ca. 558 kcal / 2342 kJ
47 g E • 17 g F • 33 g KH

1 Zwiebel schälen und klein würfeln. Gänseschmalz in einem großen Topf erhitzen, Zwiebel darin andünsten. Rotkohl hinzufügen und mitdünsten. Äpfel schälen, entkernen, in Spalten schneiden und ebenfalls hinzufügen.

2 Rotwein und 1 Liter Wasser dazugießen und erhitzen. Inzwischen Fasan waschen, in 6–8 Teile zerlegen, salzen und mit zerdrückten Wacholderbeeren und Senf einreiben.

3 Fasan und Backpflaumen zum Rotkohl geben und alles bei geringer Hitze ca. 1 Stunde köcheln lassen. Fasan herausnehmen, Fleisch von den Knochen lösen und wieder hinzufügen.

4 Suppe mit Zucker, Sherryessig und Pfeffer pikant abschmecken. Mit Petersilie und einem Klecks saurer Sahne garnieren und servieren.

Entenleberparfait mit Traubenkompott

Für 4 Portionen
300 g Entenleber ♦ 150 g Butter ♦ Salz ♦ Pfeffer ♦ 8 cl Portwein ♦ 1 El Puderzucker ♦ 100 ml Traubensaft ♦ 150 g helle Weintrauben ♦ 1 Stück frischer Ingwer (ca. 1/2 cm)

Zubereitungszeit: ca. 30 Minuten (plus Marinier- und Kühlzeit)

pro Portion:
ca. 455 kcal / 1911 kJ
15 g E ♦ 35 g F ♦ 17 g KH

1 Die Entenleber waschen, abtrocknen und in 1 El Butter rosa braten. Mit Salz und Pfeffer würzen und in eine Schüssel geben. Den Pfanneninhalt mit Portwein ablöschen, die Leber damit übergießen. Kalt stellen und 12 Stunden ziehen lassen.

2 Die Leber fein pürieren und durch ein Sieb streichen. Restliche Butter schaumig schlagen und mit der Entenleber mischen. Abschmecken, in eine mit Alufolie ausgelegte Form füllen und 24 Stunden kalt stellen.

3 Den Zucker karamellisieren und den Traubensaft hinzufügen. Die Trauben waschen, halbieren, entkernen und ebenfalls hinzufügen. Mit etwas frisch geriebenem Ingwer abschmecken. Das Leberparfait in Scheiben schneiden und mit dem warmen Traubenkompott anrichten.

Fasanensuppe mit Linsen

Für 4 Portionen
250 g Linsen ♦ Salz ♦ abgeriebene Schale von 1 unbehandelten Zitrone ♦ 1 küchenfertiger Fasan ♦ Pfeffer ♦ 3 getrocknete Salbeiblätter ♦ 150 g durchwachsener Speck ♦ 2 El Öl ♦ 3 Möhren ♦ 2 Stangen Porree ♦ 150 g Crème fraîche ♦ 1 El Schnittlauchröllchen

Zubereitungszeit: ca. 25 Minuten (plus Einweich- und Kochzeit)

pro Portion:
ca. 555 kcal / 2331 kJ
38 g E ♦ 26 g F ♦ 40 g KH

1 Linsen über Nacht in kaltem Wasser einweichen. Anschließend abgießen und mit Wasser, Salz und abgeriebener Zitronenschale ca. 30 Minuten kochen lassen.

2 Fasan waschen, abtrocknen und in 8 Portionen teilen. Mit Salz, Pfeffer und Salbei einreiben. Speck fein würfeln und in einem großen Topf glasig werden lassen. Das Öl zugeben und die Fasanenstücke darin anbraten.

3 Möhren waschen, schälen und würfeln. Den Porree putzen, waschen und in Ringe schneiden. Das Gemüse zum Fasan geben und ca. 8 Minuten mitbraten.

4 Die Linsen mit dem Kochwasser zugeben und alles bei geringer Hitze ca. 45 Minuten garen lassen. Schnittlauch waschen, trockenschütteln und in Röllchen schneiden. Suppe abschmecken und saure Sahne hineinrühren. Mit Schnittlauch bestreut servieren.

Schwedische Wildgeflügelpastete

Für 4 Portionen
300 g Wildgeflügelleber ♦ 1 Zwiebel ♦ 20 g Sardellen ♦ 1 El weiche Butter ♦ 2 El Mehl ♦ 125 ml Sahne ♦ 150 g fetter Speck ♦ 1 Ei ♦ Salz ♦ Pfeffer ♦ Weinbrand

Zubereitungszeit: ca. 30 Minuten (plus Garzeit)

pro Portion:
ca. 380 kcal / 1596 kJ
25 g E ♦ 28 g F ♦ 7 g KH

1 Die Leber waschen und grob würfeln. Die Zwiebel schälen und ebenfalls grob würfeln. Leber und Zwiebel mit den Sardellen einige Male durch einen Fleischwolf drehen oder im Mixer fein pürieren.

2 Butter mit Mehl und Sahne zu einer Sauce verrühren. Den Speck in feine Streifen schneiden. Alle vorbereiteten Zutaten und das Ei miteinander vermischen, abschmecken und in eine gefettete Pastetenform füllen.

3 Zugedeckt im Wasserbad im Backofen bei 175 °C ca. 50–75 Minuten garen. Zur kalten Pastete schmeckt Quittenkompott oder ein würziges Chutney.

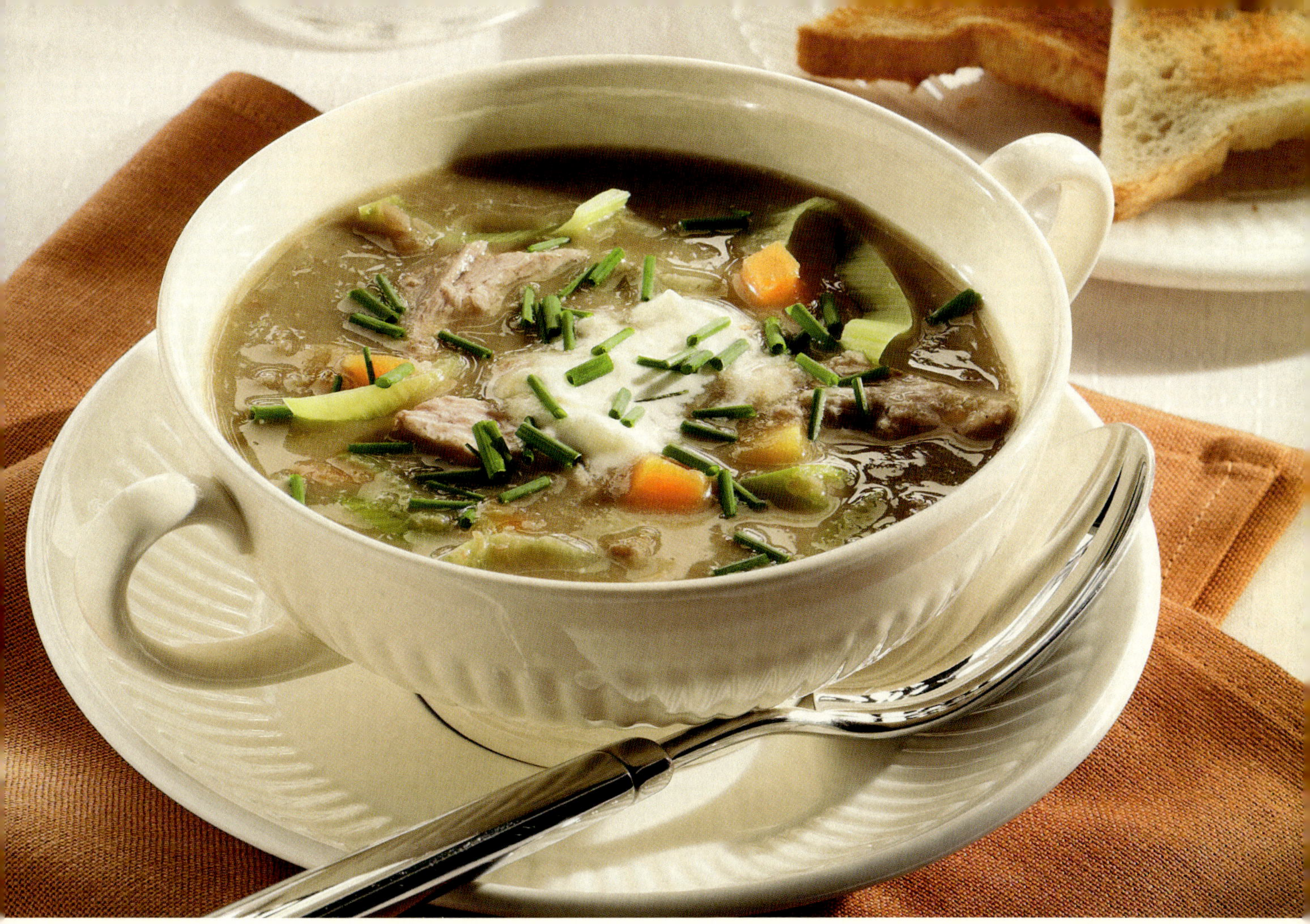

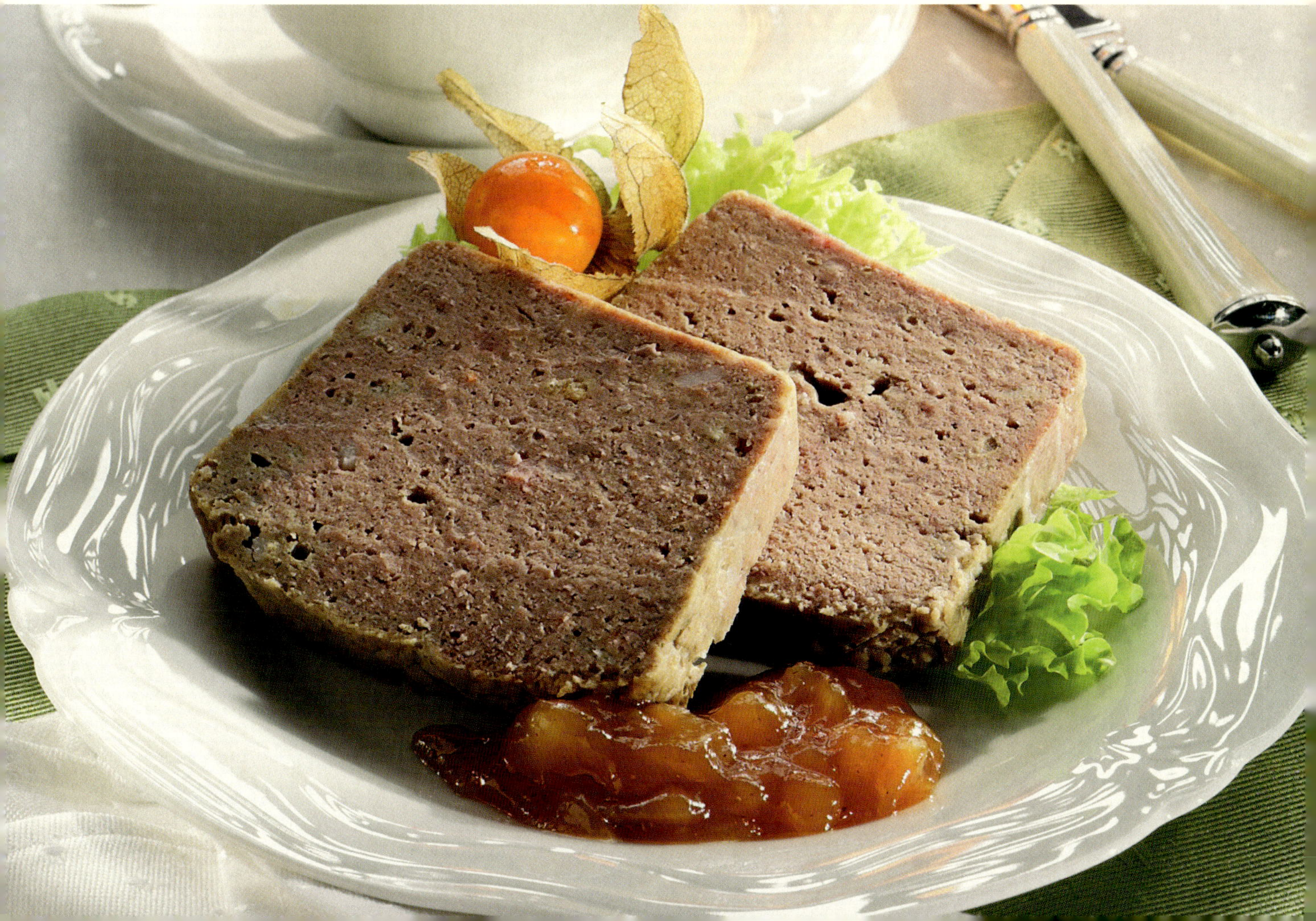

Fasanen-Wirsing-Pastetchen

Für 4 Portionen
4 sehr kalte Fasanenbrüste ♦ 8 Wirsingblätter ♦ Salz ♦ Pfeffer ♦ 1 sehr kalte Hühnerbrust (à 150 g) ♦ Salz ♦ Cayennepfeffer ♦ 200 ml eiskalte Sahne ♦ Zitronensaft ♦ Butter zum Braten

Zubereitungszeit: ca. 25 Minuten (plus Bratzeit)

pro Portion:
ca. 348 kcal / 1460 kJ
33 g E ♦ 23 g F ♦ 3 g KH

1 Fasanenbrüste waschen und abtrocknen. Filets ablösen und beiseite legen. Wirsingblätter in kochendem Salzwasser ca. 2 Minuten blanchieren, abschrecken und abtropfen lassen. Die dicken Blattrippen flach schneiden. Den Backofen auf 100 °C vorheizen.

2 Hühnerbrust waschen und abtrocknen. Hühner- und Fasanenbrust mit Salz und Cayennepfeffer würzen. Anschließend im Mixer fein pürieren, dabei nach und nach die eiskalte Sahne hinzufügen. Die Farce pikant mit Zitronensaft abschmecken. Die Fasanenfilets mit der Farce bestreichen und fest in die Wirsingblätter einwickeln.

3 Etwas Butter erhitzen und die Wirsingpäckchen darin nur leicht anbraten. Päckchen auf das Backofenrost legen und im vorgeheizten Backofen bei 100 °C ca. 15–20 Minuten garen. Wirsingpäckchen herausnehmen und etwa 5 Minuten ruhen lassen. Anschließend schräg in Scheiben schneiden. Dazu passen Kartoffelpüree und gedünstete Äpfel.

Tipp:
Dazu schmecken auch in Butterschmalz gebratene Kartoffeln, gewürzt mit frisch gehackten Chilischoten und Kräuterquark.

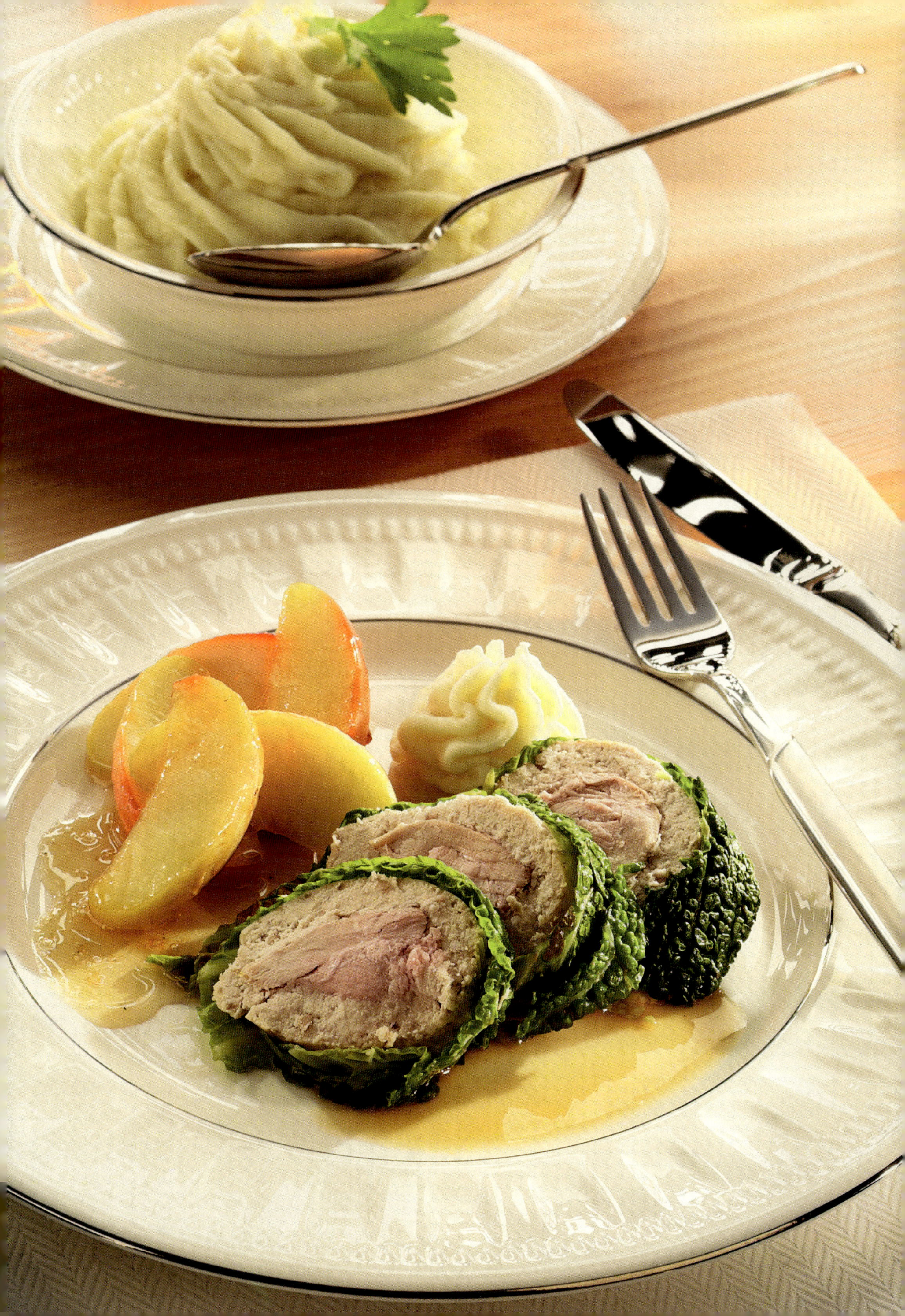

Gänselebersuppe mit Trüffeln

Für 4 Portionen
200 g Gänseleber ♦ 150 ml Sahne ♦ 2 Eigelb ♦ 800 ml Hühnerbrühe ♦ 3 cl weißer Portwein ♦ 2 cl Armagnac ♦ Salz ♦ 1 schwarzer Trüffel ♦ geschlagene Sahne zum Anrichten

Zubereitungszeit: ca. 20 Minuten (plus Kochzeit)

pro Portion:
ca. 553 kcal / 2321 kJ
49 g E ♦ 26 g F ♦ 31 g KH

1 Gänseleber waschen, abtrocknen und in einen Mixer geben. Sahne und Eigelb hinzufügen und alles glatt pürieren. Die Hühnerbrühe aufkochen. Das Püree durch ein Sieb streichen und in die nicht mehr kochende Brühe einrühren.

2 Brühe wieder erhitzen, aber nicht kochen lassen. So lange rühren, bis eine sämige Bindung entsteht. Alles mit Portwein, Armagnac und Salz abschmecken.

3 Von der Trüffel einige Scheiben abhobeln und beiseite legen. Den Rest klein hacken und auf 4 Suppenteller oder -tassen verteilen. Suppe darauf verteilen, mit etwas geschlagener Sahne und Trüffelscheiben garnieren und servieren.

Fasanensuppe mit Gemüse

Für 4 Portionen
1 küchenfertiger Fasan ◆
3 Möhren ◆ 3 Petersilienwurzel ◆
150 g Rosenkohl ◆ 30 g Wirsing ◆ 3 Zwiebeln ◆ 2 Tomaten ◆
1 rote Paprikaschote ◆ 50 g TK-Erbsen ◆ Pfeffer ◆ Salz ◆ gehackte Petersilie

Zubereitungszeit: ca. 25 Minuten (plus Kochzeit)

pro Portion:
ca. 283 kcal / 1187 kJ
36 g E ◆ 8 g F ◆ 16 g KH

1 Fasan waschen und in ca. 2 Liter Salzwasser ca. 30 Minuten offen kochen lassen. Inzwischen Möhren, Petersilienwurzel, Rosenkohl und Wirsing putzen, waschen und klein schneiden. Zwiebeln schälen und in Scheiben schneiden. Das vorbereitete Gemüse zur Suppe hinzufügen und ca. 3 Stunden weiter köcheln lassen.

2 Das Fleisch herausnehmen und abtropfen lassen. Tomaten häuten und klein würfeln. Paprikaschote halbieren, den Stängelansatz entfernen, entkernen, waschen und in feine Streifen schneiden.

3 Das abgekühlte Fleisch von den Knochen lösen und klein schneiden. Suppe durchsieben und wieder aufkochen. Fleisch, Tomaten, Paprika und TK-Erbsen hineingeben und ca. 3 Minuten garen lassen. Mit Petersilie bestreut servieren.

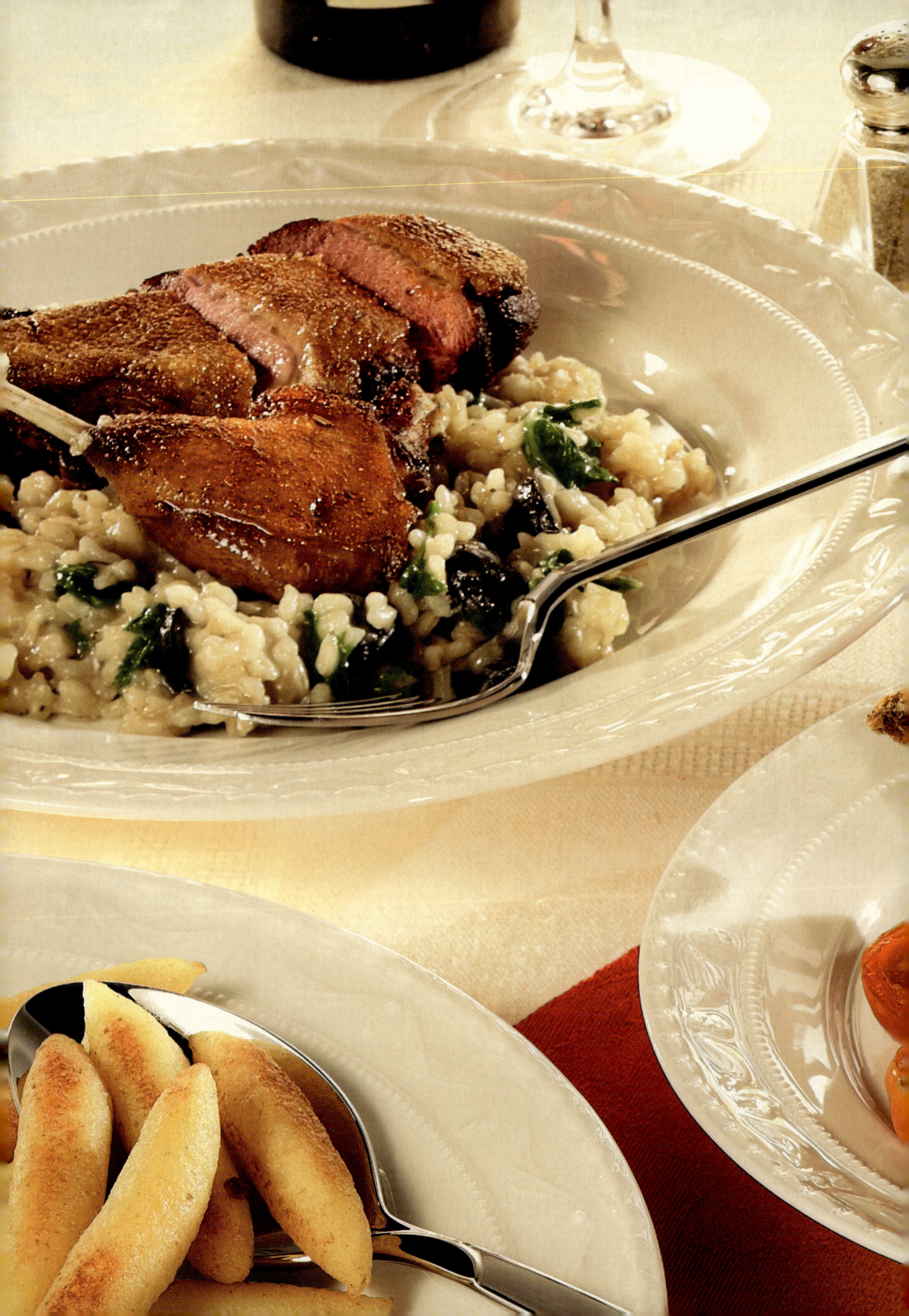

Klassische Braten

Zartes Wildgeflügel, schonend gebraten und mit köstlichen Saucen serviert — das ist ein Genuss nicht nur für Festtage. Heute fasziniert die Wachtel, morgen der Fasan und übermorgen die Ente.

Wildente im Mantel

Für 4 Portionen
2 küchenfertige junge Wildenten ◆ Salz ◆ Pfeffer ◆ gerebelter Salbei ◆ 5–6 Wacholderbeeren ◆ 1 El Zitronensaft ◆ 100 g geräucherte dünne Speckscheiben ◆ 125 g Butter ◆ ca. 600 ml Fleischbrühe ◆ 200 ml saure Sahne

Zubereitungszeit: ca. 20 Minuten (plus Bratzeit)

pro Portion:
ca. 1120 kcal / 4704 kJ
71 g E ◆ 92 g F ◆ 5 g KH

1 Den Backofen auf 180 °C vorheizen. Die Wildenten waschen, abtrocknen und innen und außen mit Salz, Pfeffer und Salbei einreiben. Wacholderbeeren zerdrücken und mit Zitronensaft vermischen. Die Enten damit ebenfalls einreiben.

2 Die Enten mit den Speckscheiben umwickeln und in einen Bräter legen. Mit heißer Butter übergießen und im vorgeheizten Backofen bei 180 °C ca. 1 Stunde braten. Zwischendurch immer wieder mit Fleischbrühe begießen.

3 Ca. 15 Minuten vor Ende der Bratzeit die Sahne hinzugießen. Die Enten herausnehmen und warm stellen.

4 Die Sauce abschmecken. Die Ente portionieren und servieren. Dazu schmecken Rosenkohl und Spätzle.

Fasan mit Holunderbeeren

Für 4 Portionen
2 bratfertige junge Fasane ◆ Salz ◆ Pfeffer ◆ Öl zum Braten ◆ 125 ml Gemüsebrühe ◆ 500 ml Holunderbeersaft ◆ 250 ml Sahne ◆ 80 g kalte Butter ◆ 1 El Holunderbeeren

Zubereitungszeit: ca. 20 Minuten (plus Bratzeit)

pro Portion:
ca. 900 kcal / 3780 kJ
90 g E ◆ 60 g F ◆ 3 g KH

1 Den Backofen auf 220 °C vorheizen. Die bratfertigen Fasane waschen, abtrocknen, salzen und pfeffern. Das Öl in einem Bräter erhitzen und die Fasane hineingeben. Im Backofen ca. 20 Minuten rosa braten, zwischendurch mehrmals mit der Brühe begießen. Herausnehmen und warm stellen.

2 Den Bratensatz mit Holunderbeersaft auffüllen und ca. 10 Minuten einreduzieren lassen. Die Sahne unterrühren und etwas einköcheln lassen.

3 Die Sauce in einen Mixbecher geben und die kalte Butter untermixen. Die Holunderbeeren hinzufügen und die Sauce nochmals kurz erhitzen. Die Fasane in Portionen zerteilen und mit der heißen Sauce anrichten. Dazu schmecken kleine Kartoffelklöße und Salat.

Fasan à la Normandie

Für 4 Portionen
1 junger Fasan • Salz • frisch gemahlener schwarzer Pfeffer • Paprika edelsüß • 1/2 Tl getrockneter Thymian • 60 g dünne Speckscheiben • 60 g Butter • 150 ml Cidre • 750 g säuerliche Äpfel • Saft von 1 Zitrone • 3 El Calvados • 200 ml Sahne

Zubereitungszeit: ca. 30 Minuten (plus Bratzeit)

pro Portion:
ca. 773 kcal / 3245 kJ
61 g E • 43 g F • 28 g KH

1 Fasan waschen und abtrocknen. Anschließend innen mit Salz, Pfeffer und Paprika und außen auch mit Thymian einreiben. Die Brustseite mit Speck belegen.

2 Die Hälfte der Butter schmelzen lassen. Fasan darin ca. 15 Minuten braten. Cidre hinzugießen und Bräter schließen. Bei geringer Hitze ca. 60 Minuten schmoren. Zwischendurch den Fasan wenden und immer wieder mit dem Bratenfond begießen. Bräter öffnen und den Fasan noch 30 Minuten ohne Deckel braten lassen.

3 Äpfel schälen, entkernen und vierteln. Äpfel in dünne Scheiben schneiden und sofort mit Zitronensaft beträufeln. Restliche Butter zerlassen und Apfelscheiben darin 5 Minuten dünsten. Calvados und Sahne hinzufügen. Alles mit Salz und Pfeffer würzen und 2 Minuten köcheln lassen. Fasan zerteilen und mit den Apfelscheiben anrichten.

Rebhuhn mit Balsamico

Für 4 Portionen
4 küchenfertige Rebhühner • 2 Zwiebeln • 4 Stangen Staudensellerie • 4 Möhren • Salz • Pfeffer • 2 El Kapern • 200 ml Olivenöl • 4 El Balsamico-Essig • 3 El frisch gehackte Petersilie

Zubereitungszeit: ca. 15 Minuten (plus Kochzeit)

pro Portion:
ca. 425 kcal / 1785 kJ
43 g E • 23 g F • 10 g KH

1 Rebhühner waschen. Gemüse putzen und grob zerkleinern. In einem Topf ca. 1 1/2 Liter Wasser geben, Fleisch und Gemüse hinzufügen. Alles zum Kochen bringen. Mit Salz und Pfeffer würzen und ca. 5 Minuten kochen.

2 Kapern abtropfen lassen und klein hacken. Aus Öl und Essig eine Sauce rühren. Petersilie und Kapern darunter rühren.

3 Rebhühner herausnehmen, abtropfen lassen und halbieren. Rebhühner auf dem Gemüsebett anrichten, Sauce darüber geben und servieren.

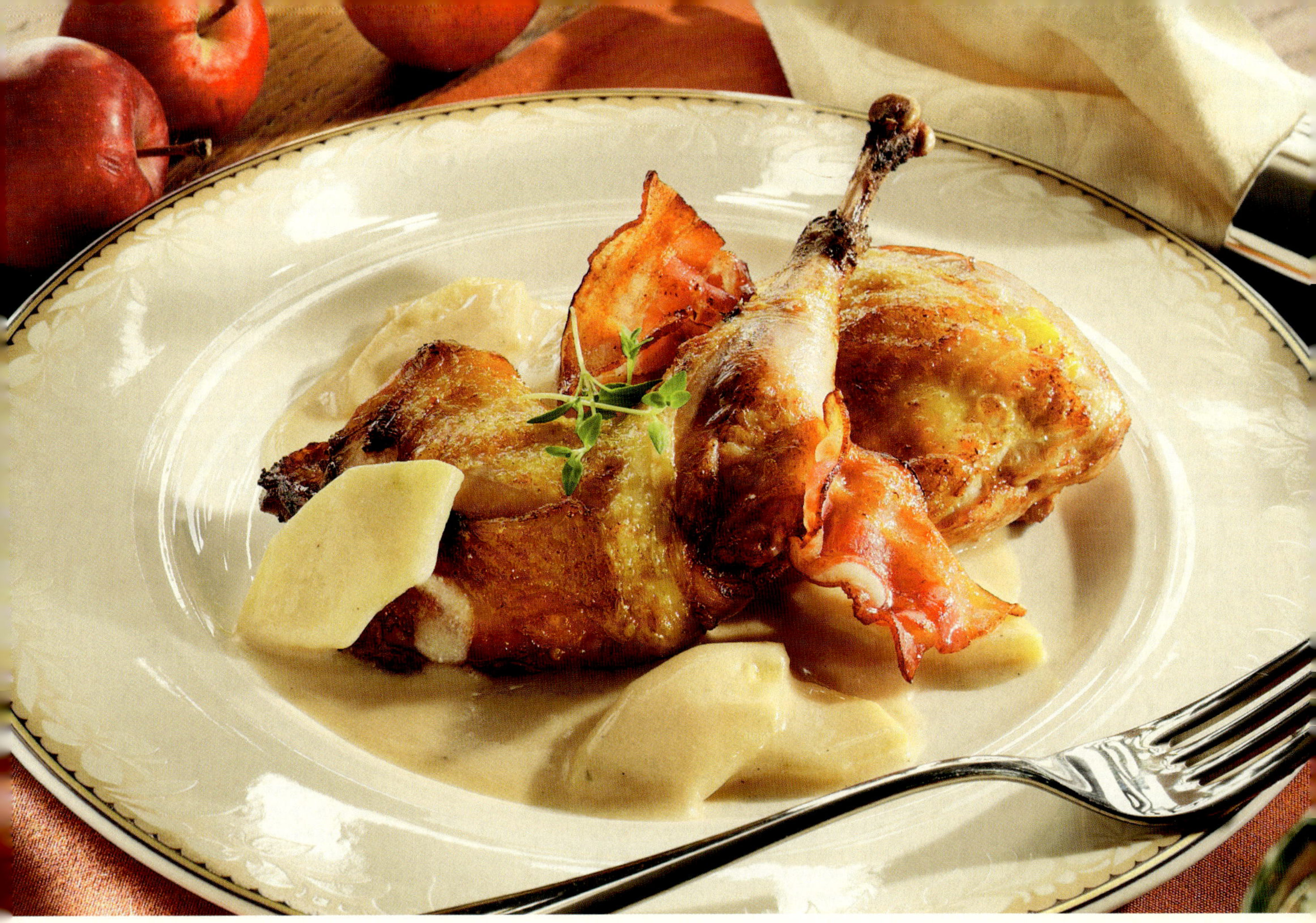

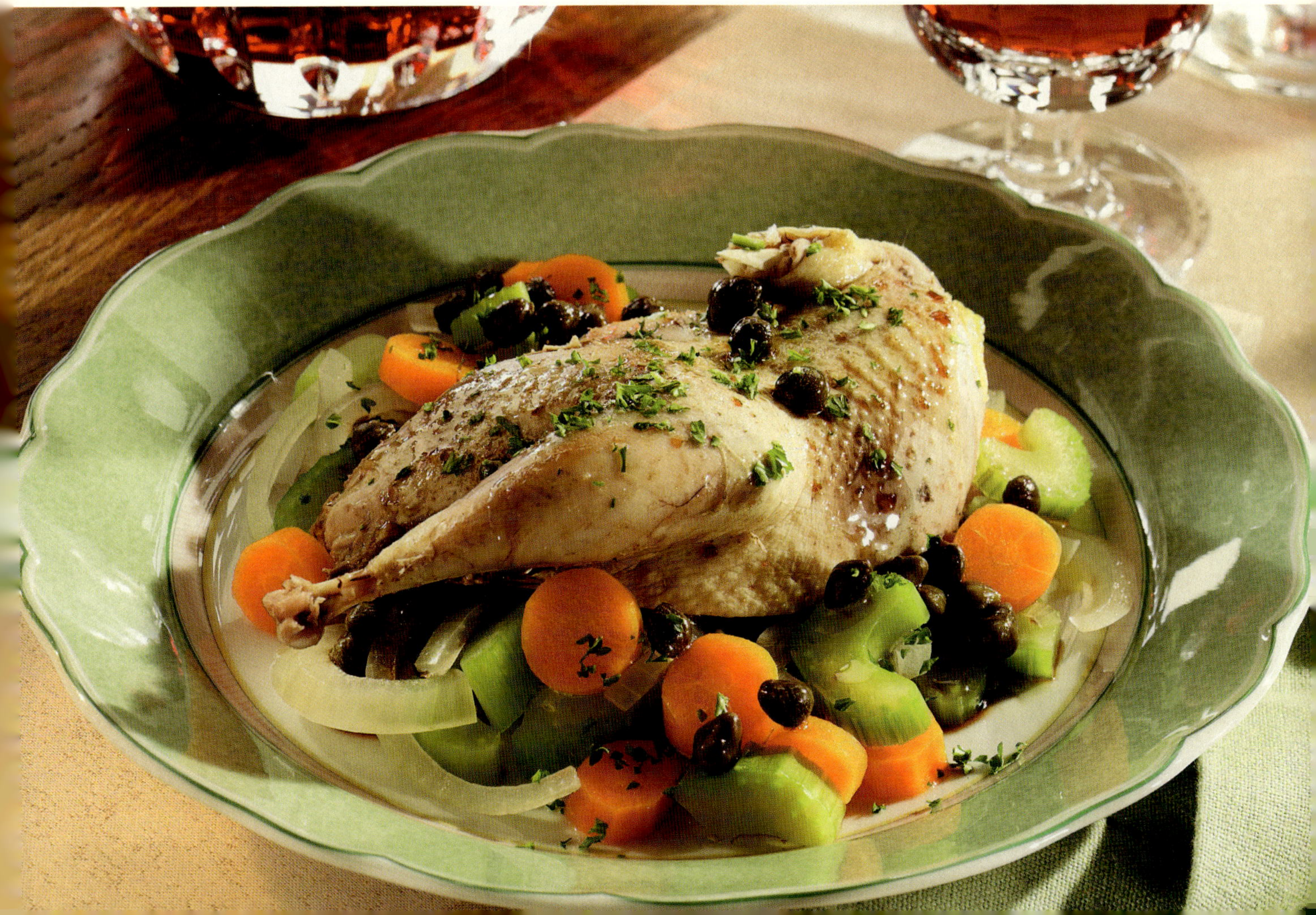

Wachteln mit Avocadopüree

Für 4 Portionen
4 küchenfertige Wachteln ♦ Salz ♦ Pfeffer ♦ gemahlenes Chilipulver ♦ 2 El Olivenöl ♦ 4 Avocados ♦ Saft von 1 Zitrone ♦ 2 cl Calvados ♦ 1 El Schnittlauchröllchen

Zubereitungszeit: ca. 25 Minuten (plus Bratzeit)

pro Portion:
ca. 635 kcal / 2667 kJ
14 g E ♦ 63 g F ♦ 4 g KH

1 Die Wachteln waschen, abtrocknen und am Rückrat entlang längs einschneiden. Wachteln aufklappen und von beiden Seiten mit Salz, Pfeffer und Chili würzen.

2 Das Olivenöl in 2 Pfannen erhitzen und die Wachteln hineinlegen. Mit Alufolie abdecken und mit einem Topf beschwert ca. 10 Minuten braten. Anschließend die Wachteln wenden und weitere 10 Minuten auf die gleiche Art weiterbraten.

3 Avocados halbieren, den Kern entfernen und das Fruchtfleisch aus der Schale lösen. Sofort mit dem Zitronensaft beträufeln, mit Chili, Salz, Pfeffer und Calvados abschmecken und pürieren. Wachteln mit Nocken von Avocadopüree auf Tellern anrichten. Mit Schnittlauch bestreut servieren.

Apulische Rebhühner

Für 4 Portionen
2 küchenfertige, kleine Rebhühner ♦ 4 El Olivenöl ♦ 2 Zwiebeln ♦ Salz ♦ Pfeffer ♦ Thymian ♦ 400 g TK-Brokkoli ♦ 1 kleines Glas gefüllte Oliven ♦ 100 ml Rotwein

Zubereitungszeit: ca. 30 Minuten (plus Brat- und Kochzeit)

pro Portion:
ca. 698 kcal / 2930 kJ
92 g E ♦ 32 g F ♦ 6 g KH

1 Den Backofen auf 200 °C vorheizen. Die vorbereiteten Rebhühner waschen und abtrocknen. In einem Bräter das Öl stark erhitzen und die Rebhühner darin rundherum ca. 5 Minuten scharf anbraten.

2 Die Hitze etwas reduzieren und die Rebhühner ca. 5 Minuten weiterbraten lassen, zwischendurch mehrmals wenden. Die Zwiebeln schälen und in Ringe schneiden. Die Zwiebelringe zu den Rebhühnern hinzufügen und ca. 2 Minuten mitbraten. Alles mit Salz, Pfeffer und Thymian würzen und im vorgeheizten Backofen bei 200 °C etwa 15 Minuten backen.

3 Inzwischen den Brokkoli in Salzwasser bissfest garen und abschrecken. Brokkoli, Oliven und Wein zu den Rebhühnern geben und 5 Minuten schmoren lassen.

Marinierter Fasan

Für 4 Portionen
3 Stangen Staudensellerie ♦ 2 Möhren ♦ 2 Zwiebeln ♦ 2 Lorbeerblätter ♦ 5 Wacholderbeeren ♦ 150 ml Weißwein ♦ 400 ml Olivenöl ♦ 80 ml Weinessig ♦ 2 Fasane ♦ 1 El Mehl ♦ Pfeffer ♦ Salz

Zubereitungszeit: ca. 20 Minuten
(plus Marinier- und Bratzeit)

pro Portion:
ca. 785 kcal / 3297 kJ
91 g E ♦ 40 g F ♦ 10 g KH

1 Für die Marinade das Gemüse putzen, waschen und klein schneiden. Mit Lorbeerblättern, zerdrückten Wacholderbeeren und Wein vermischen. Die Hälfte des Olivenöls mit dem Essig unterrühren.

2 Fasane waschen, abtrocknen und in Portionsstücke zerteilen. Die Fasanstücke in der Marinade zugedeckt über Nacht ziehen lassen.

3 Den Backofen auf 250 °C vorheizen. Das Fleisch aus der Marinade nehmen und im restlichen Öl braun braten. Mit Mehl bestäuben, Marinade dazugeben und das Ganze aufkochen.

4 Die Fasane ca. 10 Minuten braten. Anschließend die Temperatur auf 120 °C reduzieren und die Fasane ca. 2 Stunden schmoren lassen. Herausnehmen, Sauce entfetten und passieren. Die Fasane auf einem Gemüsebett anrichten und mit Sauce begießen.

Gefüllter Fasan „Toscana"

Für 4 Portionen

10 g getrocknete Steinpilze ♦
2 Knoblauchzehen ♦
1 Schalotte ♦ 175 g Schinkenspeck ♦ 10 Wacholderbeeren ♦
1 junger, küchenfertiger Fasan
♦ Salz ♦ Pfeffer ♦ 3 El Öl ♦
150 ml Gemüsebrühe ♦
200 ml Sahne

Zubereitungszeit: ca. 20 Minuten
(plus Bratzeit)

pro Portion:
ca. 515 kcal / 2163 kJ
44 g E ♦ 36 g F ♦ 4 g KH

1 Backofen auf 200 °C vorheizen. Steinpilze in Wasser einweichen. Knoblauch und Schalotte schälen und fein hacken. Schinkenspeck fein würfeln. Kräuter waschen, trocknen und hacken. Nach Ablauf der Einweichzeit Pilze hacken. Alle vorbereiteten Zutaten und die zerdrückten Wacholderbeeren gründlich miteinander vermischen. Einweichwasser beiseite stellen.

2 Den Fasan waschen und abtrocknen. Fasan innen pfeffern, Füllung hineingeben, zunähen und von außen pfeffern und salzen.

3 Fasan in Öl anbraten, den Pilzsud hinzugießen und bei 220 °C im Backofen ca. 40 Minuten braten, zwischendurch mit der Brühe begießen.

4 Den Fond mit Sahne loskochen, abschmecken und zum Fasan servieren.

Fasan mit Sprossengemüse

Für 4 Portionen
2 kleine Fasane ♦ 1 Bund Petersilie ♦ 2 Zwiebeln ♦ 1 Bund Suppengrün ♦ Salz ♦ Pfeffer ♦ 150 g geräucherte Schinkenscheiben ♦ 75 ml Sahne ♦ Speisestärke ♦ 2 cl Calvados ♦ 175 g Sojabohnensprossen ♦ 2 El Rosinen ♦ Balsamico-Essig

Zubereitungszeit:
ca. 1 Stunde, 40 Minuten

pro Portion:
ca. 720 kcal / 3024 kJ
100 g E ♦ 30 g F ♦ 11 g KH

1. Fasane waschen und abtrocknen. Petersilie waschen und trockenschütteln. Zwiebeln schälen, halbieren und mit Petersilie in die Fasane geben.

2. Suppengrün putzen, waschen und klein geschnitten in einen Bräter geben. Bräter ca. zur Hälfte mit Salzwasser füllen und aufkochen. Fasane hineinlegen und zugedeckt ca. 50 Minuten köcheln lassen, zwischendurch die Fasane wenden. Fasane herausnehmen und die Brühe auf die Hälfte einreduzieren. Anschließend durch ein Tuch passieren.

3. Den Backofen auf 250 °C vorheizen. Fasane der Länge nach halbieren, auf ein mit Backpapier ausgelegtes Rost legen und mit Pfeffer und Salz würzen. Schinken auf Fasanenhälften verteilen und im Backofen bei 220 °C braten. Nach ca. 8 Minuten den Schinken entfernen und die Fasane noch 8 Minuten weiterbraten.

4. 350 ml Fasanenbrühe mit Sahne aufkochen und mit Speisestärke leicht binden. Mit Calvados, Pfeffer und Salz abschmecken. Sojabohnensprossen und Rosinen mit heißem Wasser abbrausen, abtropfen lassen, auf eine Platte geben und mit Balsamico beträufeln. Fasane darauf legen und servieren.

Tipp:
Servieren Sie die Fasane alternativ mit in Butter gedünstetem Wirsing, gewürzt mit viel frisch geriebener Muskatnuss.

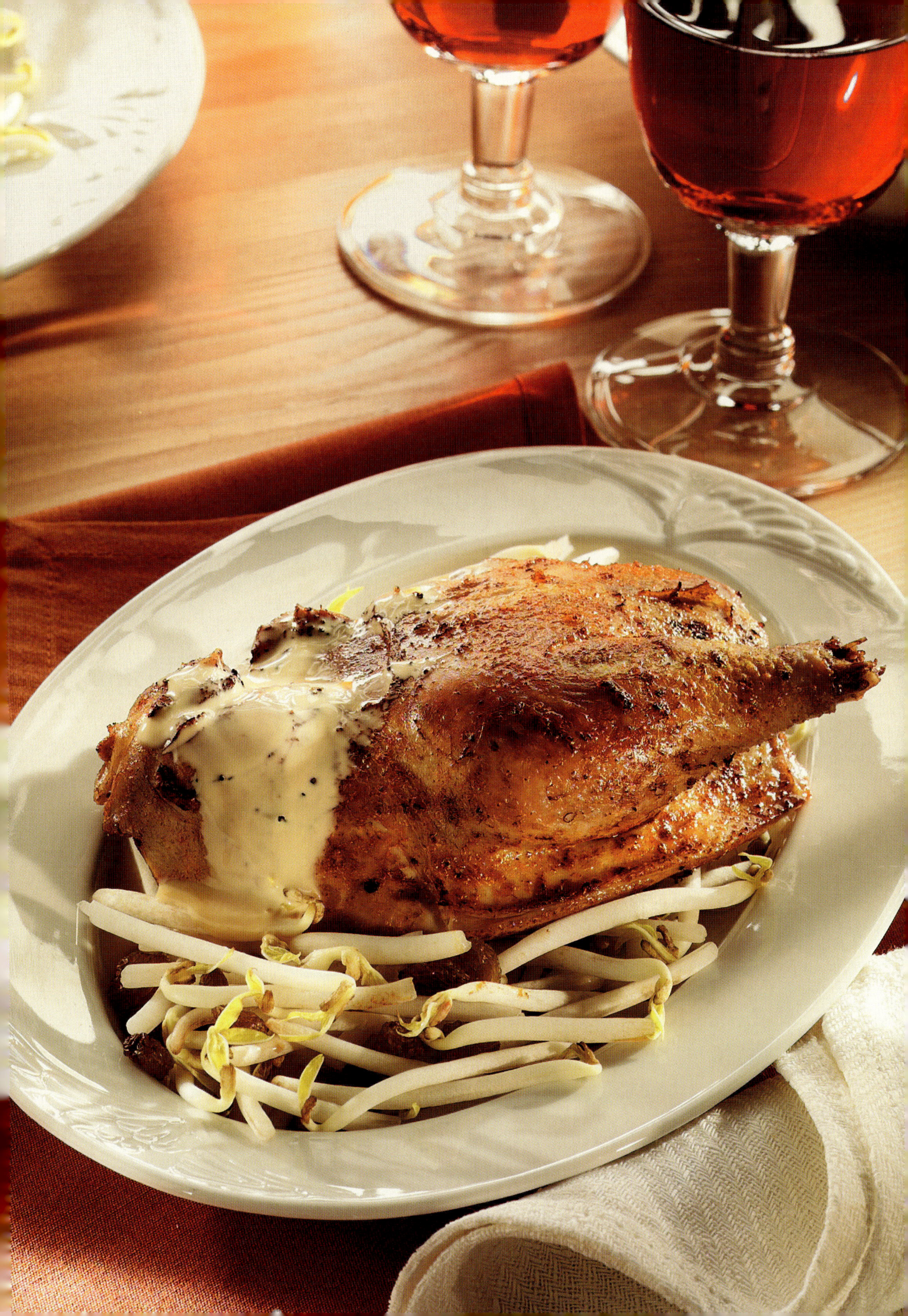

Ente mit Walnüssen und Granatapfel

Für 4 Portionen
4 Wildentenbrüste ◆ 1 El Butterschmalz ◆ 1 Zwiebel ◆ 225 ml Granatapfelsaft ◆ 2 El Zitronensaft ◆ 2 El Rohrzucker ◆ 1 Tl gemahlener Zimt ◆ 175 g gehackte Walnüsse

Zubereitungszeit: ca. 35 Minuten

pro Portion:
ca. 793 kcal / 3329 kJ
42 g E ◆ 61 g F ◆ 21 g KH

1 Backofen auf 180 °C vorheizen. Entenbrüste waschen, abtrocknen und auf der Hautseite zweimal mit einem scharfen Messer einritzen. In Butterschmalz ca. 4 Minuten scharf anbraten, zuerst mit der Hautseite nach unten.

2 Herausnehmen und in eine Auflaufform legen. Fett bis auf 1 Esslöffel aus der Pfanne entfernen.

3 Die Zwiebel schälen, in Ringe schneiden und 3 Minuten braten. Granatapfel- und Zitronensaft, Zucker, Zimt und 125 g Walnüsse zu den Zwiebeln geben. Aufkochen und über das Fleisch gießen.

4 Im vorgeheizten Backofen bei 180 °C ca. 15 Minuten braten. Herausnehmen und 5 Minuten ruhen lassen. Fett von der Sauce schöpfen, die Entenbrüste in Scheiben schneiden und in der Sauce servieren. Restliche Walnüsse darüber streuen.

Petersburger Fasan

Für 4 Portionen
1 küchenfertiger Fasan ◆ 40 g Walnüsse ◆ 450 g Rosinen ◆ 40 g Butter ◆ Saft von 3 Orangen ◆ ca. 500 ml grüner Tee ◆ 75 ml Fleischbrühe ◆ Salz ◆ Salbeiblättchen und Orangenscheiben zum Garnieren

Zubereitungszeit: ca. 15 Minuten
(plus Garzeit)

pro Portion:
ca. 755 kcal / 3171 kJ
49 g E ◆ 26 g F ◆ 76 g KH

1 Backofen auf 160 °C vorheizen. Fasan waschen, abtrocknen und in einen nicht zu großen Schmortopf geben. Walnüsse, Rosinen, Butter und Orangensaft zufügen und so viel grünen Tee zugießen, bis der Fasan knapp bedeckt ist.

2 Kräftig salzen und zugedeckt im Backofen bei 160 °C ca. 45–60 Minuten garen.

3 Den Fasan herausnehmen, in Portionen zerteilen und mit den Rosinen und Nüssen anrichten. Den Bratenfond mit Fleischbrühe auffüllen und etwa auf die Hälfte einkochen. Den Fasan mit Sauce begießen, alles mit Salbeiblättchen und Orangenscheiben garnieren und servieren.

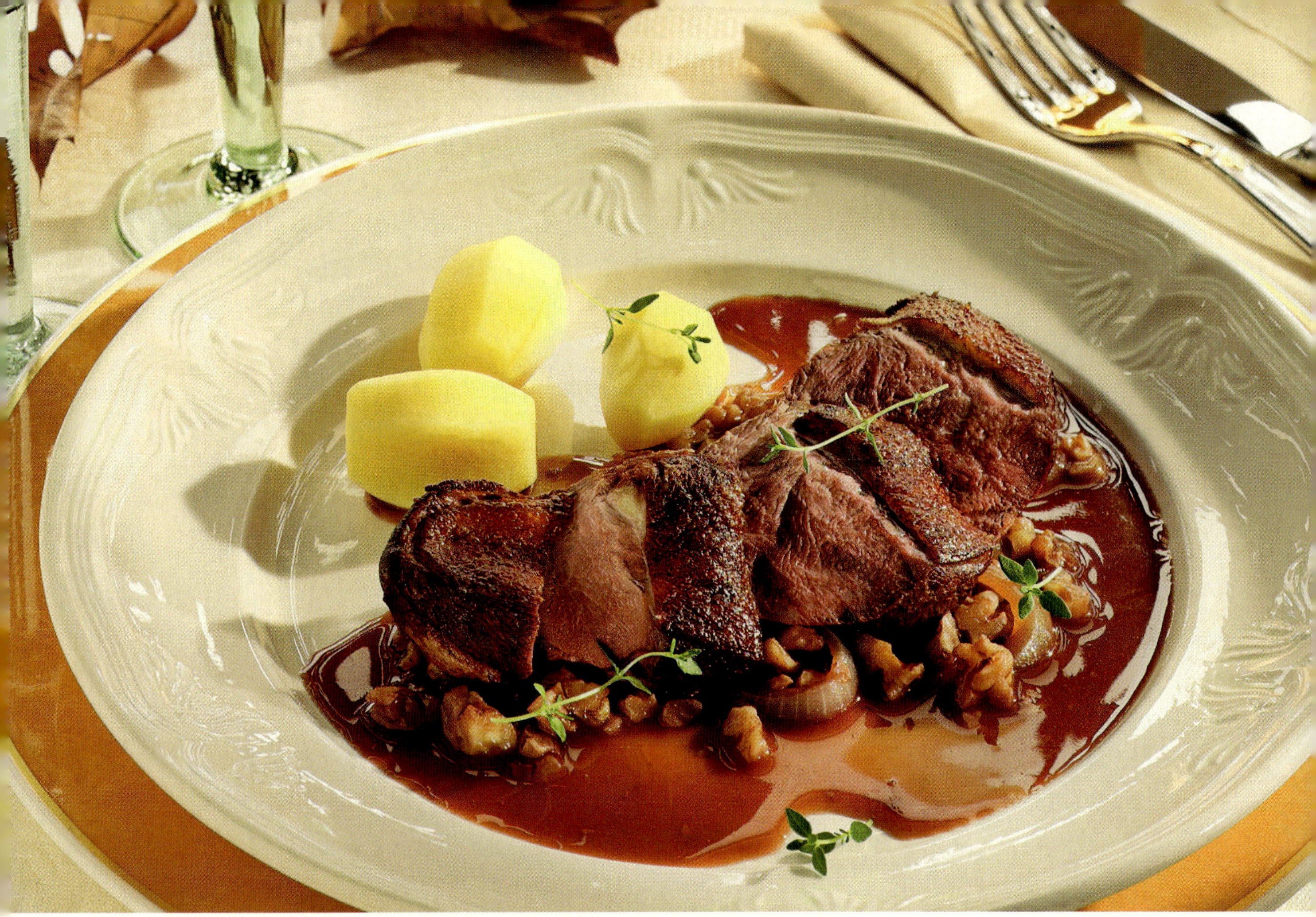

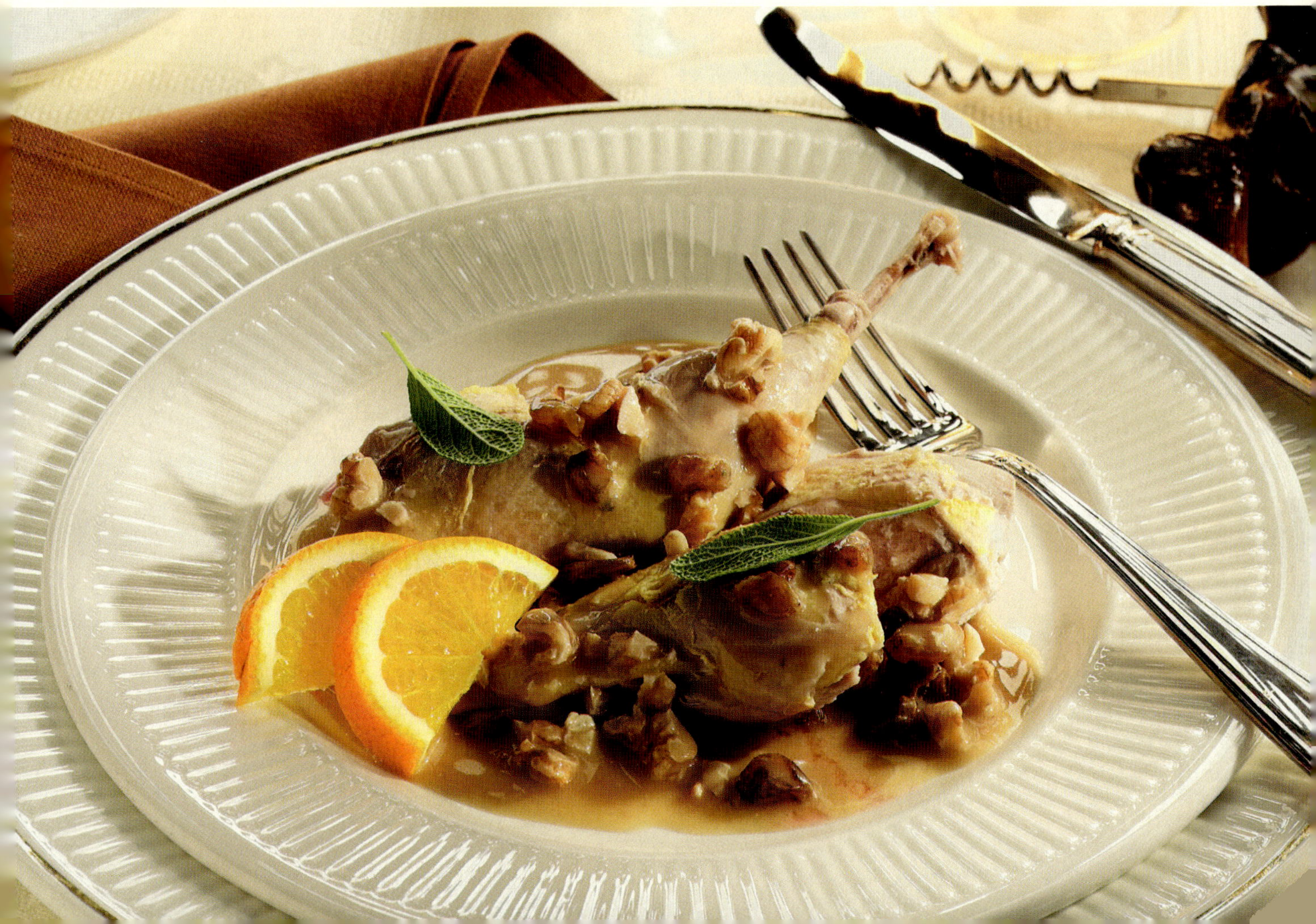

Knusprige Gänsekeulen

Für 4 Portionen
4 Gänsekeulen ♦ Salz ♦ Pfeffer ♦ 1 Öl ♦ 5 Zwiebeln ♦ 1 Tl getrockneter Majoran

Zubereitungszeit: ca. 15 Minuten (plus Bratzeit)

pro Portion:
ca. 378 kcal / 1586 kJ
23 g E ♦ 30 g F ♦ 4 g KH

1 Backofen auf 225 °C vorheizen. Gänsekeulen waschen, abtrocknen und mit Salz und Pfeffer einreiben.

2 Keulen mit der Hautseite nach unten in Öl anbraten, dann wenden. Zwiebeln schälen, klein würfeln und ca. 3 Minuten mitbraten.

3 Majoran waschen, trockenschütteln, Blättchen von den Stielen zupfen und über die Keulen streuen.

4 Alles zugedeckt im Backofen ca. 1 1/2 Stunde braten. Nach 1 Stunde die Keulen wenden, so dass die Hautseite oben liegt. Etwas Wasser hinzugießen und weiter schmoren lassen.

5 Keulen herausnehmen und warm halten. Bratfett abschöpfen und die Zwiebeln pürieren. Die Sauce mit Salz und Pfeffer abschmecken und zu den Keulen servieren.

Flambierte Martinsgans

Für 4 Portionen
1 Gans (ca. 3 kg) ♦ Salz ♦ Pfeffer ♦ 5 Äpfel, z. B. Cox Orange ♦ 700 g abgetropfte Sauerkirschen a. d. Glas ♦ 8 cl Kirschwasser ♦ 3 El Apfelkompott

Zubereitungszeit: ca. 30 Minuten (plus Bratzeit)

pro Portion:
ca. 743 kcal / 3119 kJ
26 g E ♦ 48 g F ♦ 39 g KH

1 Gans waschen und von innen und außen salzen und pfeffern. Äpfel waschen, entkernen, vierteln. Mit der Hälfte der Kirschen in die Gans füllen, Öffnung mit Holzspießchen verschließen. Gans unterhalb der Keulen einstechen, auf den Bauch in den Bräter legen und mit 250 ml kochendem Wasser übergießen.

2 Alles in den kalten Backofen schieben und bei 200 °C ca. 3 Stunden braten. Nach ca. 45 Minuten Gans wenden. Zwischendurch mit Bratensaft und insgesamt etwa 400 ml Wasser begießen. Ist die Gans gar, mit etwas Salzwasser bestreichen und bei 250 °C knusprig braun braten.

3 Gans mit der Hälfte des Kirschwassers flambieren. Fond durchsieben, entfetten und mit Wasser zu 400 ml Flüssigkeit aufgießen. Restliche Kirschen, Kirschwasser und Apfelkompott zugeben. Gans zerlegen und mit Sauce und Knödel servieren.

Fasan auf Porree

Für 4 Portionen
1 küchenfertiger Fasan (ca. 1,2 kg) ◆ 1 Schalotte ◆ 3 Stangen Porree ◆ 2 Äpfel ◆ 1 Scheibe Weißbrot ◆ 2 El Butter ◆ Salz ◆ Pfeffer ◆ 1/2 Tl getrockneter Thymian ◆ 50 g dünne Scheiben Frühstücksspeck ◆ 150 g braune Champignons ◆ 3 El Preiselbeerkompott ◆ Holzspießchen

Zubereitungszeit: ca. 30 Minuten (plus Bratzeit)

pro Portion:
ca. 505 kcal / 2121 kJ
62 g E ◆ 19 g F ◆ 20 g KH

1 Backofen auf 220 °C vorheizen. Fasan waschen, abtrocknen und innen und außen salzen. Schalotte schälen und klein würfeln. Porree putzen, waschen und in Ringe schneiden. Äpfel waschen, entkernen und würfeln. Brot ebenfalls würfeln.

2 1/3 des Porrees, Apfel- und Brotwürfel in 1 El Butter andünsten. Mit Salz, Pfeffer und Thymian würzen. Den Fasan damit füllen und mit Holzspießchen verschließen. Anschließend in einen Bräter setzen und die Brust mit Speck belegen.

3 Fasan im Backofen bei 200 °C ca. 1 Stunde braten. Pilze putzen und sauber abbürsten. Restliche Butter erhitzen und restlichen Porree darin andünsten. Die Pilze hinzufügen und ca. 3 Minuten mitdünsten. Alles mit Salz und Pfeffer würzen und die Preiselbeeren untermischen. Fasan auf dem Porree-Pilz-Gemüse anrichten.

Rebhuhn mit Oliven

Für 4 Portionen
4 Rebhühner mit Leber ◆ Salz ◆ Pfeffer ◆ 1 Salbeizweig ◆ 8 Scheiben Rohschinken ◆ 3 El Olivenöl ◆ 400 ml Weißwein ◆ 200 g Oliven ◆ 150 ml Fleischbrühe

Zubereitungszeit: ca. 15 Minuten (plus Bratzeit)

pro Portion:
ca. 585 kcal / 2457 kJ
64 g E ◆ 34 g F ◆ 7 g KH

1. Die küchenfertigen Rebhühner waschen, abtrocknen und innen mit Salz und Pfeffer einreiben. Salbei waschen, Blätter abzupfen und in die Rebhühner geben.

2. Rebhühner von außen salzen. Mit Schinkenscheiben umwickeln und festbinden. Öl erhitzen und die Rebhühner darin rundherum braun braten.

3. Den Wein zugießen. Die Leber waschen, klein hacken und mit den entkernten Oliven hinzufügen. Die Brühe angießen und alles ca. 30 Minuten gar schmoren lassen.

Fasan mit Äpfeln und Maronenpüree

Für 4 Portionen
500 g Äpfel ♦ 40 g Butter ♦
1 Fasan ♦ Salz ♦ 100 g fetter
Speck in Scheiben ♦ 3–4 El Öl ♦
250 ml Hühnerbrühe ♦
250 g Maronenpüree ♦
225 ml Apfelwein ♦ 2 Tl Speisestärke ♦ 125 ml Sahne ♦ Pfeffer

Zubereitungszeit: ca. 20 Minuten
(plus Brat- und Kochzeit)

pro Portion:
ca. 615 kcal / 2583 kJ
15 g E ♦ 38 g F ♦ 49 g KH

1 Äpfel schälen, entkernen, in Spalten schneiden und in der Butter dünsten, sie dürfen aber keinesfalls zu weich werden.

2 Den Fasan waschen, abtrocknen und innen und außen mit Salz einreiben. Die Brust mit den Speckscheiben belegen und mit Küchengarn festbinden. Fasan in Öl anbraten, anschließend zugedeckt ca. 60 Minuten schmoren, nach und nach etwas Brühe zugießen.

3 Den Fasan herausnehmen, Küchengarn entfernen, Fasan zerteilen und warm halten. Nacheinander Maronenpüree und Äpfel im Bratfond erhitzen und den Fasan damit garnieren.

4 Apfelwein im Bräter aufkochen, mit Speisestärke binden. Mit Sahne, Salz und Pfeffer abschmecken. Den Fasan mit Sauce begießen und mit Maronenpüree und Äpfeln servieren. Dazu schmeckt Kartoffelpüree.

Gans mit Wirsing

Für 4 Portionen
1 Gans ♦ Salz ♦ Pfeffer ♦ 2 El
zerlassene Butter ♦ 300 ml
Geflügelbrühe ♦ ca. 500 g
Wirsing ♦ 1 kleine Zwiebel ♦
1/2 El Schinkenwürfel ♦
250 ml Weißwein ♦ 250 ml
Fleischbrühe ♦ frisch geriebene
Muskatnuss

Zubereitungszeit: ca. 30 Minuten
(plus Bratzeit)

pro Portion:
ca. 658 kcal / 2762 kJ
34 g E ♦ 55 g F ♦ 5 g KH

1 Backofen auf 220 °C vorheizen. Gans waschen, abtrocknen, halbieren und mit Salz und Pfeffer würzen. Anschließend in einen Bräter geben und mit zerlassener Butter bestreichen. Im Backofen bei 200 °C ca. 2–3 Stunden braten. Zwischendurch in die Keulen stechen und die Gans immer wieder mit Geflügelbrühe begießen.

2 Wirsing putzen, waschen und fein schneiden. Zwiebel schälen und würfeln. Ca. 3–4 El Gänsefett aus dem Bräter herausnehmen, Schinken und Zwiebel darin glasig werden lassen. 200 ml Weißwein und 200 ml Fleischbrühe zugießen. Wirsing zugeben. Mit Salz, Pfeffer und Muskat würzen und ca. 30 Minuten schmoren lassen.

3 Gans herausnehmen und warm stellen. Bratensatz mit restlichem Weißwein ablöschen, mit restlicher Fleischbrühe auffüllen und einkochen. Gans mit dem Wirsing anrichten. Die Sauce darüber träufeln und servieren.

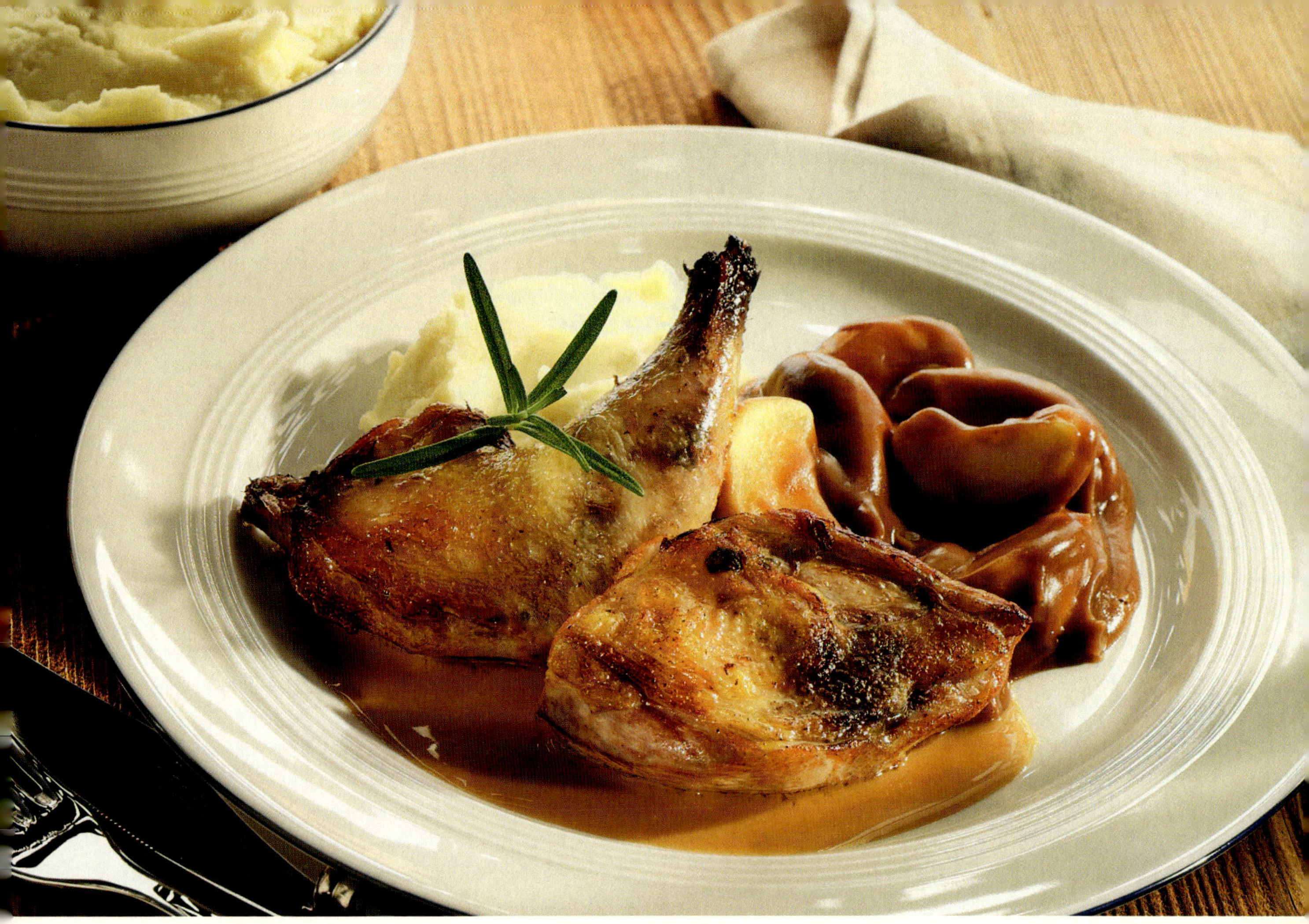

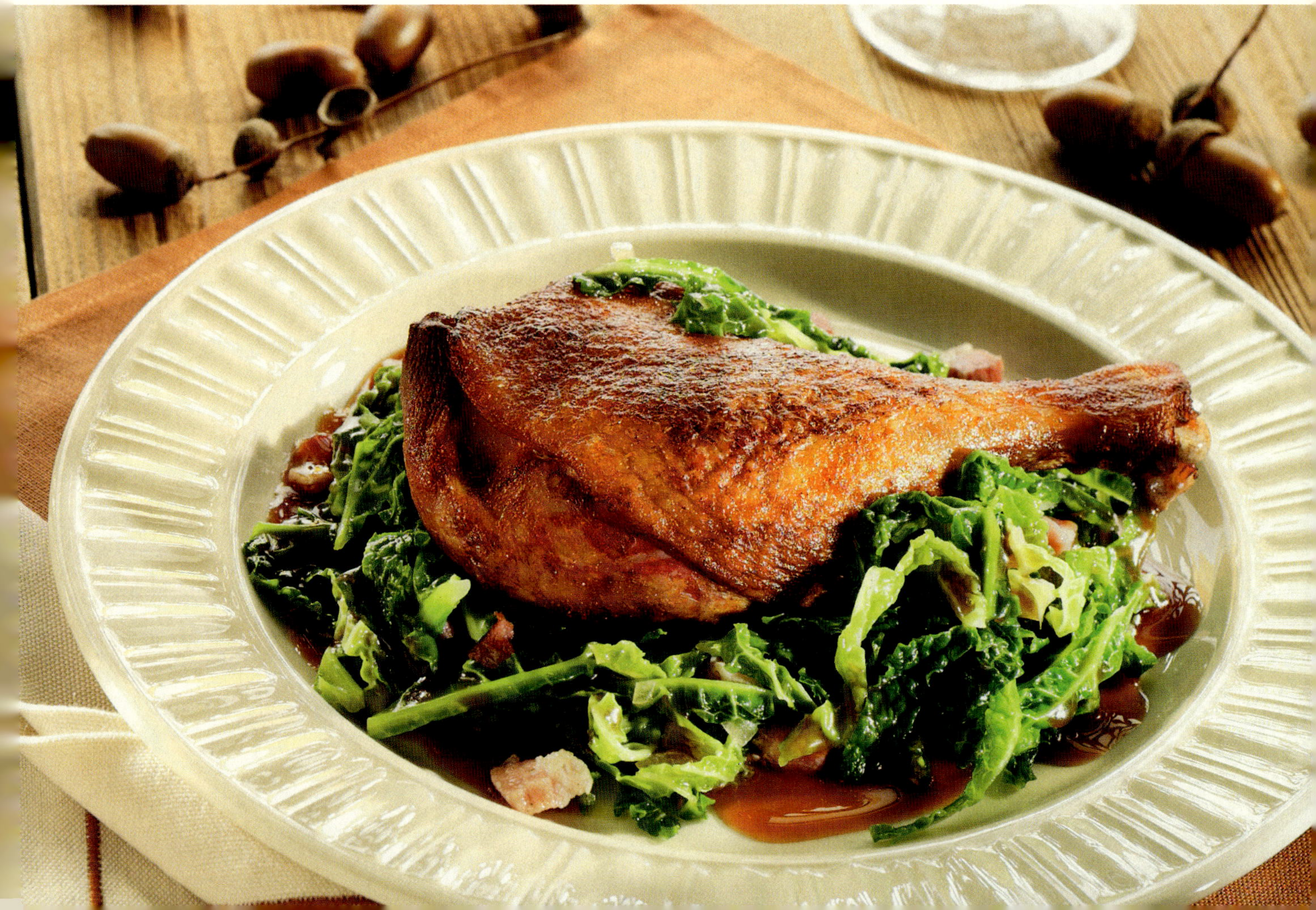

Ente mit Oliven

Für 4 Portionen
100 g TK-Spinat ♦ 2 junge Wildenten ♦ 100 g Entenlebern ♦ 1 El Olivenöl ♦ 1 Zwiebel ♦ 1 Knoblauchzehe ♦ 2 Tomaten ♦ 225 ml Weißwein ♦ 2 Tl frische Thymianblätter ♦ 1 Lorbeerblatt ♦ Salz ♦ Pfeffer ♦ 24 Oliven ♦ 60 g gegarter Rundkornreis ♦ 1 Knoblauchzehe ♦ 1 Ei ♦ 1 Tl frisch gehackter Thymian

Zubereitungszeit: ca. 20 Minuten (plus Bratzeit)

pro Portion:
ca. 1035 kcal / 4347 kJ
67 g E ♦ 74 g F ♦ 19 g KH

1 Den Backofen auf 200 °C vorheizen. Den Spinat auftauen lassen. Die Enten und die Entenlebern waschen und abtrocknen. Die Zwiebel und 1 Knoblauchzehe schälen, klein würfeln und 5 Minuten im Ö glasig werden lassen. Tomaten waschen, halbieren und mit Wein, Kräutern und etwas Salz und Pfeffer dazugeben. Den Topf vom Herd nehmen.

2 Für die Füllung die Oliven entsteinen und die Leber hacken. Alles mit Reis, Spinat und der Pfannenmischung vermengen. Restlichen Knoblauch schälen, dazupressen und mit Salz und Pfeffer würzen. Die Masse in die Enten füllen, Öffnung verschließen.

3 Die Haut mit 1 El Salz einreiben und die Enten zu den Zutaten in den Topf geben. Im vorgeheizten Backofen ca. 35–50 Minuten braten.

4 Für die Garprobe ein Bein vom Rumpf vorsichtig wegziehen. Wenn das Fleisch hellbraun und der Saft klar ist, ist die Ente gar und kann serviert werden. Dazu schmeckt Blattsalat und Reis.

Wachteln im Speckmantel

Für 4 Portionen
4 Wachteln ◆ Salz ◆ 4 dünne Scheiben Speck ◆ 4 Salbeiblätter ◆ 1–2 El Butterschmalz ◆ 100 ml Hühnerbrühe

Zubereitungszeit: ca. 15 Minuten (plus Bratzeit)

pro Portion:
ca. 231 kcal / 968 kJ
18 g E ◆ 17 g F ◆ 3 g KH

1 Backofen auf 220 °C vorheizen. Die Wachteln waschen, abtrocknen und innen und außen leicht salzen. Jede Wachtel mit 1 Speckscheibe umwickeln, mit Küchengarn festbinden. Jeweils 1 Salbeiblatt in den Bauch der Wachtel legen.

2 Das Butterschmalz in einem Bräter erhitzen, Wachteln hineinlegen und im Backofen 10–20 Minuten braten.

3 Die Wachteln herausnehmen und warm stellen. Den Fond mit der Brühe loskochen und zu den Wachteln servieren. Passt zu Schupfnudeln.

Wildente mit Honigkruste

Für 4 Portionen
2 küchenfertige Wildenten ♦
1 Bund Suppengemüse ♦
8 Pfefferkörner ♦ Salz ♦ Pfeffer ♦
1 Tl getrockneter Majoran ♦
70 g Butter ♦ 2 Tl Zucker ♦
4 El Honig ♦ 2 El Weinessig ♦
Saft von 2 Orangen ♦
350 ml Wildfond ♦ 4 Tl Speisestärke ♦ 75 ml Sahne ♦ Spalten von 1 Orange

Zubereitungszeit: ca. 30 Minuten (plus Koch- und Bratzeit)

pro Portion:
ca. 1003 kcal / 4211 kJ
65 g E ♦ 75 g F ♦ 19 g KH

1 Wildenten waschen und in kochendes Salzwasser geben. Das Suppengrün putzen, waschen und grob zerkleinert mit den Pfefferkörnern hinzufügen. Die Enten ca. 50 Minuten gar ziehen lassen und vom Sud bedeckt erkalten lassen.

2 Backofen auf 220 °C vorheizen. Die Enten aus dem Sud nehmen und halbieren. Mit Salz, Pfeffer und Majoran würzen und auf ein mit Backpapier ausgelegtes Backblech legen. Im Backofen ca. 10–15 Minuten bräunen.

3 Die Hitze auf 180 °C reduzieren. Die Butter zerlassen. Die Entenhälften mit etwas zerlassener Butter begießen und 1 Tl Zucker darüber streuen. 5 Minuten weiterbacken und die Hälfte des Honigs mit einem Pinsel aufstreichen. Erneut ca. 5 Minuten bräunen lassen.

4 Restlichen Zucker und Honig in der restlichen Butter karamellisieren. Weinessig und Orangensaft hinzugießen und aufkochen. Speisestärke mit Sahne verrühren und die Sauce damit binden. Abschmecken und Orangenspalten unterheben. Die Enten mit der Sauce servieren.

Tipp:
Dazu schmeckt ein großes Rösti und ein gemischter grüner Blattsalat mit einer pikanten Sahne-Joghurt-Sauce, bestreut mit gerösteten Mandelstiften.

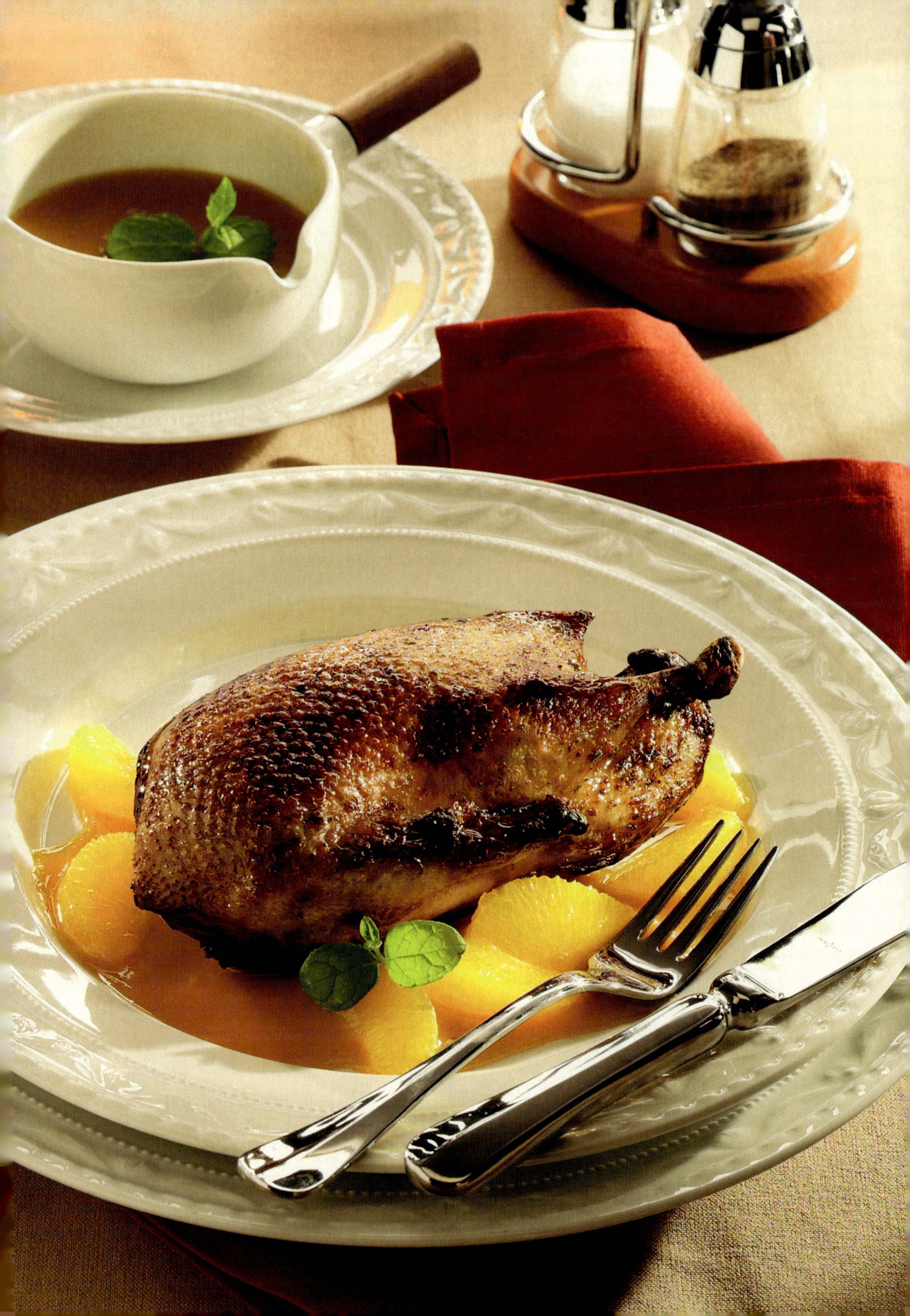

Rebhuhn mit karamellisierten Äpfeln

Für 4 Portionen
4 Äpfel ◆ Saft von 1 Zitrone ◆
1 Rebhuhn ◆ Salz ◆ Pfeffer ◆
2 Zweige Rosmarin ◆ 2 El
Butterschmalz ◆ 200 ml Hühnerbrühe ◆ 100 ml Gemüsebrühe ◆
3 El Zucker

Zubereitungszeit: ca. 30 Minuten
(plus Brat- und Kochzeit)

pro Portion:
ca. 323 kcal / 1355 kJ
23 g E ◆ 12 g F ◆ 31 g KH

1 Backofen auf 220 °C vorheizen. Die Äpfel schälen, Kerngehäuse ausstechen, Äpfel in dicke Ringe schneiden und mit Zitronensaft beträufeln.

2 Rebhuhn waschen, abtrocknen, innen und außen salzen und pfeffern. Rosmarin waschen, trockenschütteln und in die Bauchhöhle des Rebhuhns legen.

3 Butterschmalz in einem Bräter erhitzen. Rebhuhn hineinlegen und im Backofen ca. 20 Minuten braten. Das Rebhuhn herausnehmen, vierteln und warm stellen.

4 Den Fond mit Hühner- und Gemüsebrühe loskochen und unter Rühren um ca. die Hälfte einkochen lassen. Zucker in einer Pfanne karamellisieren lassen. Apfelringe im Karamell garen, dabei einmal vorsichtig wenden. Apfelscheiben mit Rebhuhnvierteln anrichten, Bratensaft darüber träufeln und servieren.

Süß-saure Gänsekeulen

Für 4 Portionen
4 Gänsekeulen ◆ Salz ◆ 3 Tl
Zucker ◆ 1 gewürfelte Zwiebel ◆
2 Lorbeerblätter ◆ 5 schwarze
Pfefferkörner ◆ 1 Tl getrockneter
Thymian ◆ 125 ml Apfelessig ◆
1 Tl Speisestärke ◆ Apfelspalten
zum Garnieren

Zubereitungszeit: ca. 15 Minuten
(plus Koch- und Bratzeit)

pro Portion:
ca. 350 kcal / 1470 kJ
22 g E ◆ 27 g F ◆ 4 g KH

1 Keulen waschen und mit 1 l Wasser, Salz, 2 Tl Zucker, Zwiebelwürfeln, Lorbeer, Pfeffer und Thymian aufkochen. Essig dazugeben und zugedeckt ca. 3 Stunden garen.

2 Keulen herausnehmen, Sud durchsieben, über die Keulen gießen und alles über Nacht erkalten lassen.

3 Kaltes Fett abschöpfen und die Keulen darin anbraten. Mit dem restlichen Zucker bestreuen und karamellisieren.

4 250 ml Kochsud hinzugießen, kräftig durchkochen lassen und mit Salz und Pfeffer abschmecken. Die Sauce mit Stärke andicken und zu den Keulen servieren.

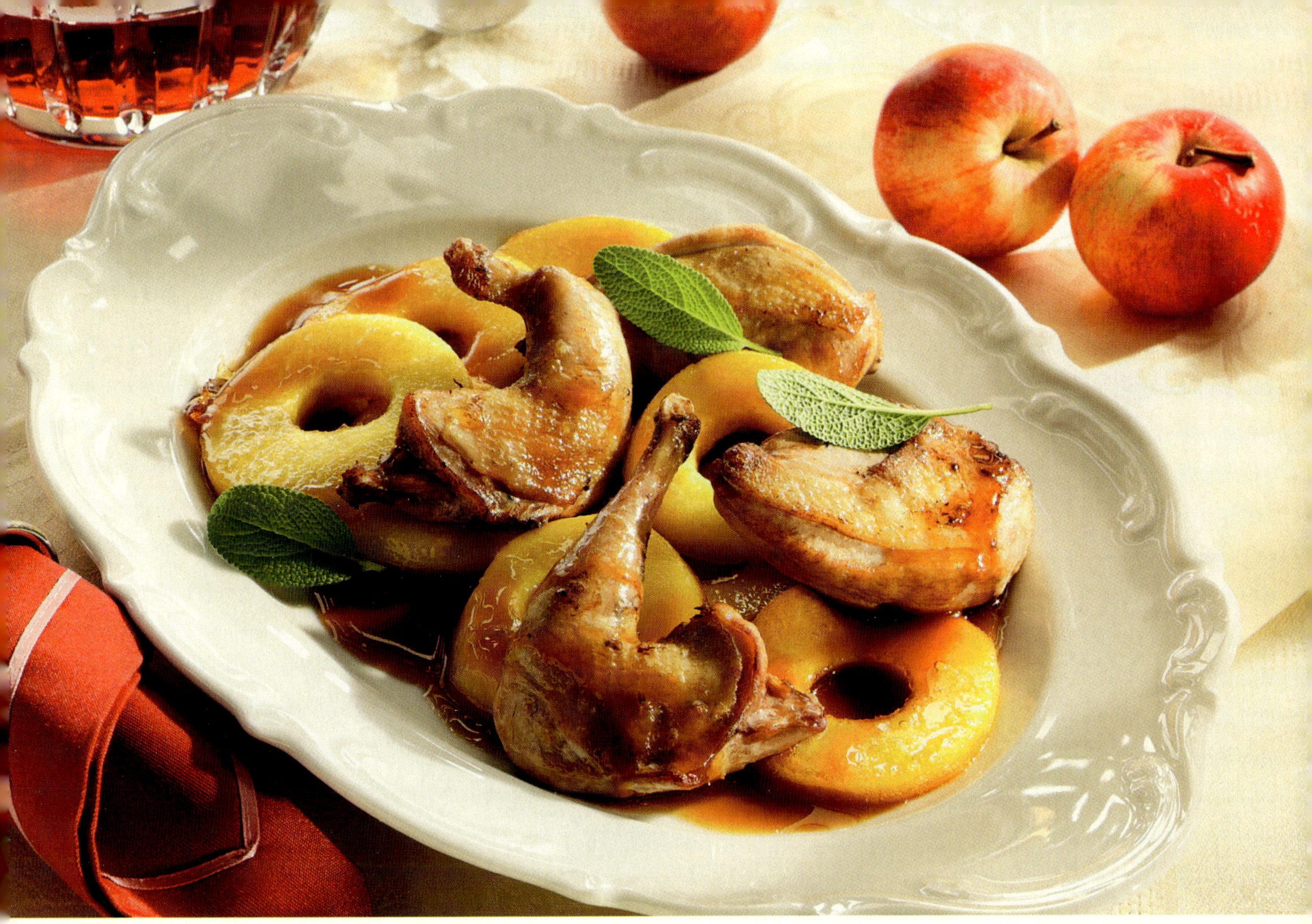

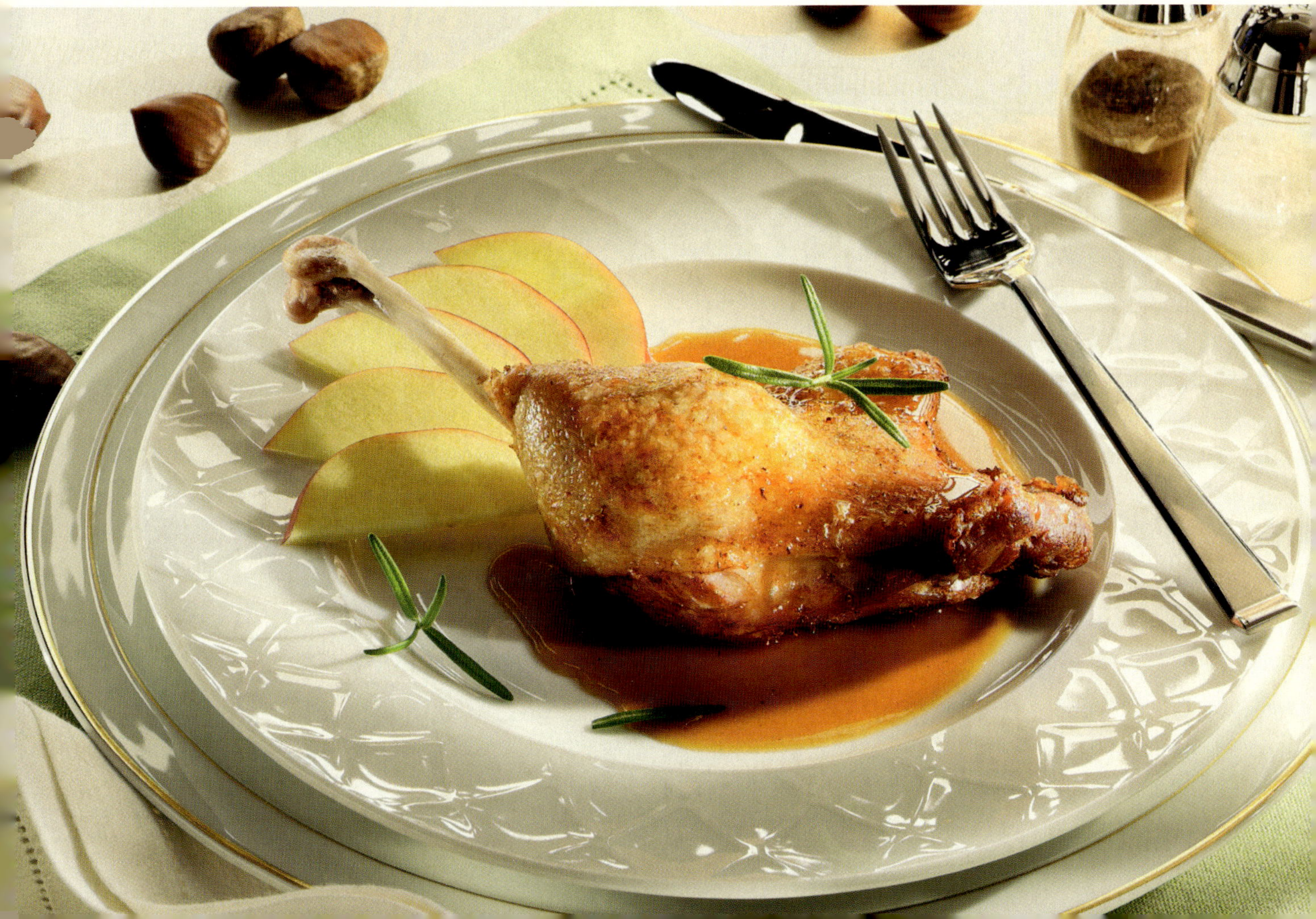

Römischer Wachtel-Topf

Für 4 Portionen
4 Wachteln ♦ 30 g geräucherter Speck in Scheiben ♦ 2 Zwiebeln ♦ 1 Bund Petersilie ♦ 1/2 Tl getrockneter Thymian ♦ etwas geriebene Zitronenschale ♦ 100 ml Wein ♦ 100 ml Fleischbrühe ♦ Saft von 1/2 Zitrone ♦ Salz ♦ Pfeffer

Zubereitungszeit: ca. 15 Minuten (plus Bratzeit)

pro Portion:
ca. 313 kcal / 1313 kJ
32 g E ♦ 17 g F ♦ 4 g KH

1 Den Backofen auf 200 °C vorheizen. Die Wachteln waschen und abtrocknen. Einen gewässerten Römertopf mit den Speckscheiben sorgfältig auslegen. Die Wachteln der Länge nach halbieren und darauf setzen.

2 Die Zwiebeln schälen. Die Petersilie waschen und trockenschütteln. Beides sehr fein hacken. Zwiebel, Petersilie, Thymian und Zitronenschale vermischen und über die Wachteln streuen. Mit Salz und Pfeffer würzen.

3 Den Wein mit der Fleischbrühe und dem Zitronensaft dazugießen. Den Topf verschließen und alles im Backofen bei 180 °C ca. 70 Minuten garen lassen. Den Topf erst am Tisch öffnen. Dazu schmeckt französisches Landbrot und Butter.

Gans mit Apfel-Kräuter-Füllung

Für 4 Portionen
1 küchenfertige Gans (2,5 kg) ♦ Salz ♦ Pfeffer ♦ 1 Tl Majoran ♦ 2 Zwiebeln ♦ 3 Äpfel ♦ 100 g entsteinte Backpflaumen ♦ je 2 El gehackter Liebstöckel und Petersilie

Zubereitungszeit: ca. 30 Minuten (plus Bratzeit)

pro Portion:
ca. 633 kcal / 2657 kJ
25 g E ♦ 47 g F ♦ 27 g KH

1 Backofen auf 200 °C vorheizen. Gans waschen, abtrocknen und innen und außen mit Salz, Pfeffer und Majoran einreiben. Zwiebeln und Äpfel schälen, Äpfel entkernen. Beides würfeln und mit den Backpflaumen und den Kräutern mischen. Die Gans damit füllen. Öffnung mit Küchengarn zunähen.

2 Die Gans mit der Brust nach unten in einen Bräter legen. Etwas heißes Wasser hinzugießen und zugedeckt im Backofen bei 200 °C braten. Während des Bratens mit einer Gabel in die Haut stechen, damit das Fett abfließen kann. Nach 1 Stunde die Gans wenden, ca. 1 Stunde weiterbraten, zwischendurch immer wieder begießen.

3 Gans herausnehmen, Fett abschöpfen und Fond einkochen lassen. Mit Salz und Pfeffer nachwürzen.

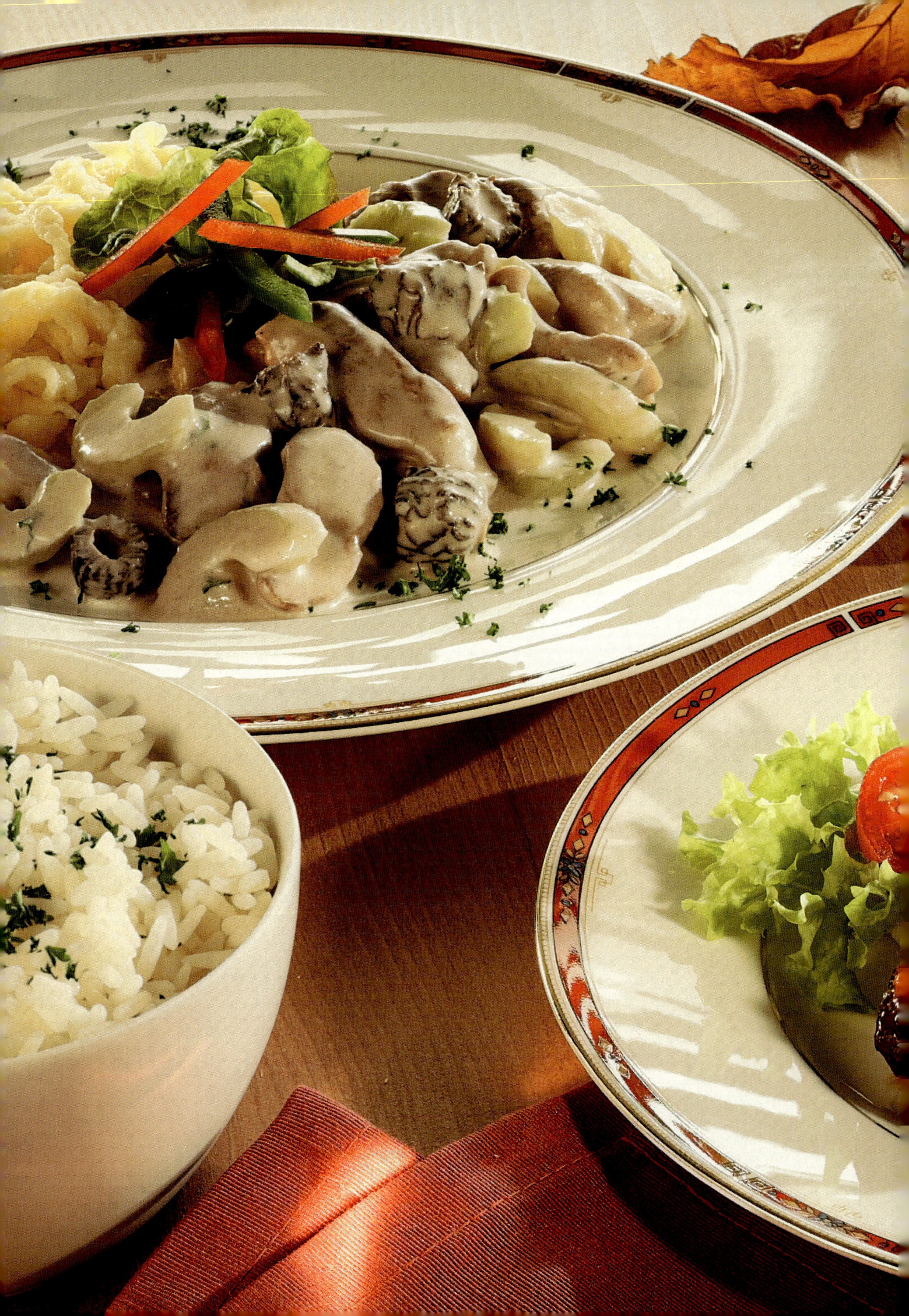

Schnelle Pfannengerichte

Kurz gebraten und liebevoll mit köstlichen Beilagen angerichtet können diese Blitzgerichte eine komplette Mahlzeit sein oder ein Höhepunkt im feinen Menü. Ihre Einsatzmöglichkeiten sind grenzenlos.

Blattsalat mit Wachtelbrust

Für 4 Portionen
4 Wachtelbrüste ♦ Salz ♦ frisch gemahlener schwarzer Pfeffer ♦ 6 El Pflanzenöl ♦ 3 El Sherryessig ♦ 200 g gewaschener Blattsalat z.B. Rucola, Friséesalat ♦ 15 Kirschtomaten ♦ 100 g Sojasprossen ♦ 300 g Mangofruchtfleisch ♦ 1 Bund Kerbel ♦ 1 El Butter ♦ 6 El Gemüsebrühe

Zubereitungszeit: ca. 35 Minuten (plus Bratzeit)

pro Portion:
ca. 250 kcal / 1050 kJ
13 g E ♦ 16 g F ♦ 12 g KH

1 Wachtelbrüste waschen, abtrocknen und mit Salz und Pfeffer einreiben. 2 El Öl mit 1 El Essig verrühren, Fleisch damit beträufeln und 15 Minuten marinieren. Blattsalate klein zupfen und auf 4 Teller anrichten.

2 Kirschtomaten waschen und halbieren. Sojasprossen abbrausen und abtropfen. Mango in Spalten schneiden. Den Kerbel waschen, trockenschütteln und die Blättchen von den Stielen zupfen. Mango, Tomaten, Sprossen und Kerbel auf dem Salat verteilen.

3 Die Butter in einer Pfanne erhitzen und das Fleisch von jeder Seite ca. 2–3 Minuten braten, herausnehmen. Restliches Öl mit der Brühe und 2 El Essig verrühren. Salzen, pfeffern und über den Salat träufeln. Das Fleisch in Scheiben schneiden und darauf anrichten.

Wildgeflügelleber mit Ananas

Für 4 Portionen
400 g küchenfertige Wildgeflügelleber ♦ 40 g Butter ♦ frisch gemahlener weißer Pfeffer ♦ 5 cl halbtrockener Sherry ♦ 4 Scheiben Ananas (frisch oder a. d. Dose) ♦ Salz ♦ 1 Prise gemahlener Ingwer ♦ 1–2 El Mango-Chutney

Zubereitungszeit: ca. 15 Minuten (plus Bratzeit)

pro Portion:
ca. 240 kcal / 1008 kJ
19 g E ♦ 13 g F ♦ 8 g KH

1 Die Wildgeflügelleber waschen, abtrocknen und klein schneiden. In einer Pfanne die Butter aufschäumen und die Leber ca. 4 Minuten braten.

2 Die Leber pfeffern, den Sherry hinzugeben und zugedeckt ca. 3 Minuten dünsten.

3 Die Ananasscheiben klein schneiden und zugeben. Das Gericht leicht salzen und mit dem Ingwerpulver würzen.

4 Mit Mango-Chutney abschmecken und zugedeckt noch ca. 3 Minuten gar schmoren lassen. Dazu schmeckt frisches Baguette.

Fasanenbrust im Pilzbett

Für 4 Portionen
400 g Stockschwämmchen ◆
3 Schalotten ◆ 2 El Butter ◆
1 Bund glatte Petersilie ◆ Salz ◆
Pfeffer ◆ 4 Fasanenbrüste ◆
1 El Butterschmalz ◆
250 ml saure Sahne

Zubereitungszeit: ca. 30 Minuten
(plus Bratzeit)

pro Portion:
ca. 293 kcal / 1229 kJ
27 g E ◆ 18 g F ◆ 4 g KH

1 Pilze putzen, Schalotten schälen und fein hacken. Die Hälfte der Butter erhitzen und die Pilze darin braten, bis die Flüssigkeit verdampft ist. Restliche Butter zugeben und Schalotten darin glasig dünsten.

2 Petersilie waschen, trockenschütteln und 2/3 der Petersilie klein hacken. Gehackte Petersilie zu den Pilzen geben und unterheben. Pilze mit Salz und Pfeffer würzen und herausnehmen.

3 Fasanenbrüste waschen, abtrocknen, mit Salz und Pfeffer einreiben und im Butterschmalz von jeder Seite ca. 1 Minute anbraten. Hitze etwas reduzieren und ca. 5 Minuten weiterbraten.

4 Die Pilzmischung zu dem Fleisch geben, Sahne unterrühren und die Fasanenbrüste darin ca. 5–8 Minuten gar ziehen lassen. Mit der restlichen Petersilie garniert servieren.

Entensalat

Für 4 Portionen
500 g gebratenes Entenfleisch ◆
2 El gegarter Reis ◆ 1 getrocknete rote Chilischote ◆
3 Schalotten ◆ 2 Zitronengrasstängel ◆ 3 Frühlingszwiebeln ◆
je 1 rote und 1 grüne Chilischote ◆ 1 Bund glatte Petersilie ◆ Saft von 2 Limetten ◆
1–2 El Fischsauce ◆ Salz ◆
frisch gemahlener Pfeffer ◆
4 große Salatblätter

Zubereitungszeit: ca. 30 Minuten

pro Portion:
ca. 325 kcal / 1365 kJ
24 g E ◆ 22 g F ◆ 8 g KH

1 Das Fleisch vorsichtig erhitzen. Inzwischen die getrocknete Chilischote klein hacken und in einer Pfanne ohne Fett rösten. Schalotten schälen und hacken und vom Zitronengras das harte Ende entfernen. Anschließend in Ringe schneiden.

2 Frühlingszwiebeln putzen, frische Chilischoten halbieren, entkernen und waschen. Alles in feine Ringe schneiden. Petersilie waschen, trockenschütteln und fein hacken.

3 Entenfleisch sehr klein schneiden und mit dem Reis und den vorbereiteten Zutaten vermischen. Mit Limettensaft, Fischsauce, Salz und Pfeffer würzig abschmecken. Salatblätter waschen und den Entensalat hineinfüllen und servieren.

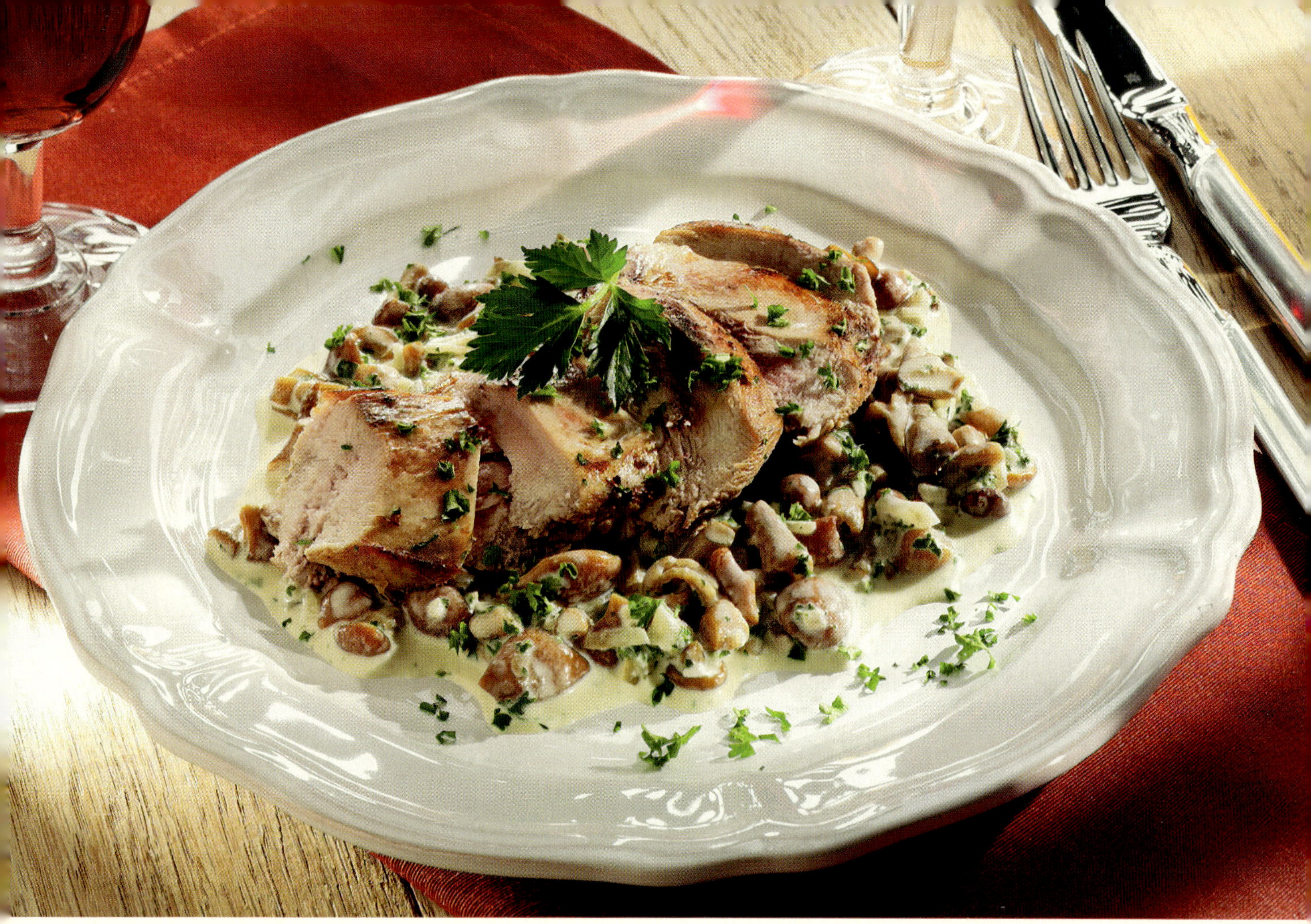

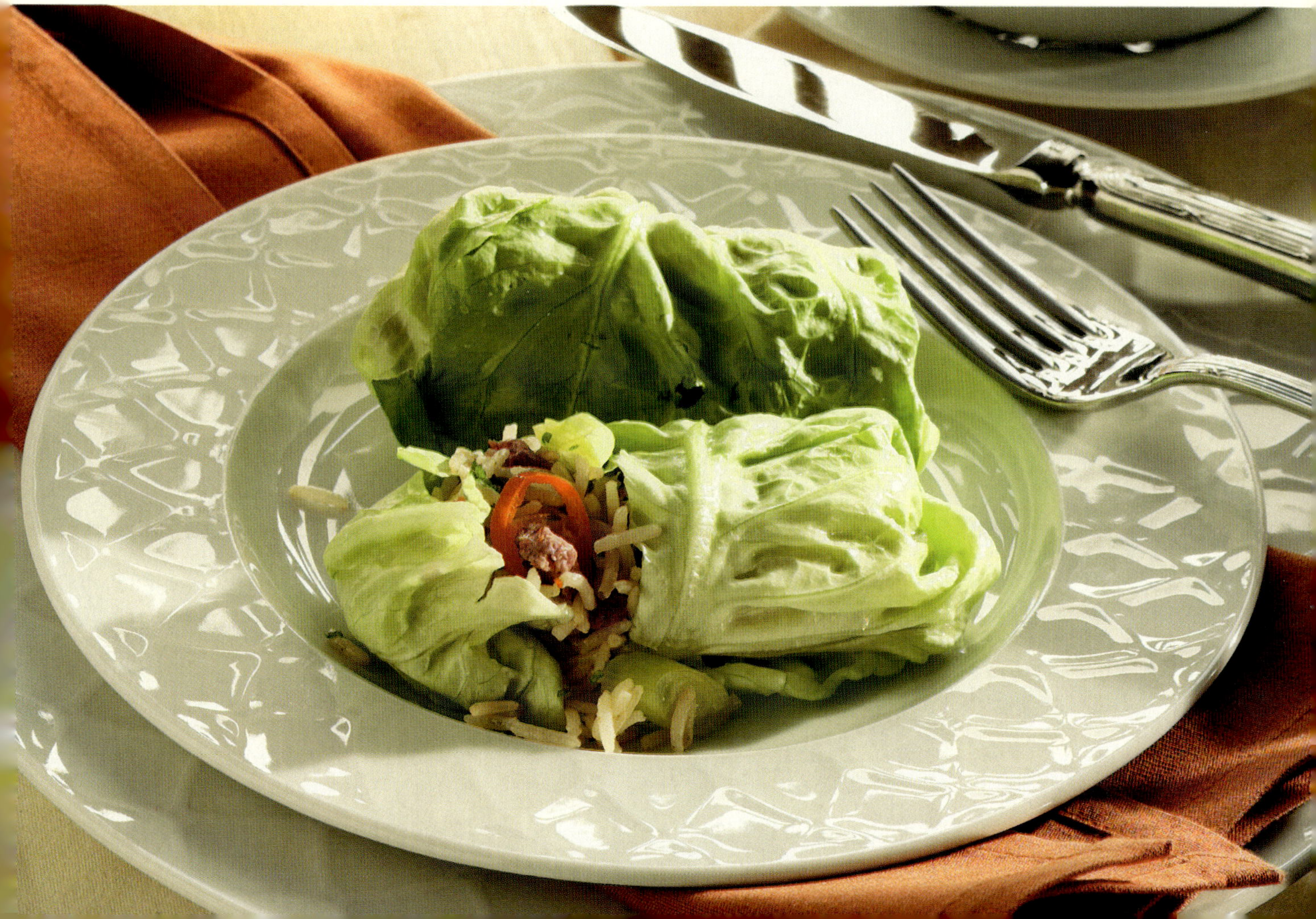

Gänsebrust mit Chinakohl

Für 4 Portionen
800 g Gänsebrust ◆ Salz ◆ Pfeffer ◆ 1 El zerlassene Butter ◆ 250 ml Geflügelbrühe ◆ 150 ml Weißwein ◆ 2 El Butter ◆ 1 kleiner Chinakohl ◆ 1 kleine Zwiebel ◆ 1/2 El Schinkenwürfel ◆ 100 ml Fleischbrühe ◆ frisch geriebene Muskatnuss

Zubereitungszeit: ca. 30 Minuten (plus Bratzeit)

pro Portion:
ca. 835 kcal / 3507 kJ
38 g E ◆ 73 g F ◆ 3 g KH

1 Backofen auf 220 °C vorheizen. Fleisch waschen, abtrocknen, halbieren und mit Salz und Pfeffer würzen. Anschließend in einen Bräter geben und mit zerlassener Butter bestreichen. Im Backofen ca. 10–15 Minuten braten, zwischendurch mit der Geflügelbrühe begießen.

2 Gänsebrüste herausnehmen und warm stellen. Bratensatz mit 50 ml Weißwein ablöschen, mit restlicher Geflügelbrühe auffüllen, einkochen und mit 1 El Butter verfeinern.

3 Chinakohl putzen, waschen und fein schneiden. Zwiebel schälen und würfeln. Restliche Butter aufschäumen, Schinkenwürfel und Zwiebel darin glasig werden lassen. Restlichen Weißwein und Fleischbrühe hinzugießen, mit Salz, Pfeffer und Muskat würzen. Gänsebrüste mit dem Chinakohl auf Teller anrichten. Die Sauce getrennt dazu servieren.

Chinesische Wachtelhäppchen

Für 4 Portionen
4 Wachteln ◆ 1 El Sojasauce ◆
2 El Sherry ◆ 1 El Honig ◆
2 El Brühe ◆ ca.1 Tl frisch
geriebene Ingwerwurzel ◆
4 El Sesamöl ◆ glatte Petersilie ◆
Holzspießchen

Zubereitungszeit: ca. 25 Minuten
(plus Bratzeit)

pro Portion:
ca. 293 kcal / 1229 kJ
24 g E ◆ 20 g F ◆ 3 g KH

1 Wachteln waschen, Keulen und Brustfleisch auslösen. Das Brustfleisch in mundgerechte Stücke schneiden.

2 Sojasauce, Sherry, Honig, Brühe und Ingwer aufkochen und abkühlen lassen, die Wachtelstücke darin ca. 10 Minuten marinieren. Abgetropfte und abgetrocknete Keulen im heißen Öl ca. 6 Minuten braten.

3 Die Bruststücke abtropfen und abtrocknen lassen, auf Spieße stecken und ca. 4 Minuten braten. Restliche Marinade mit Petersilie bestreut dazu reichen.

Wachtelbrust mit Kirschen

Für 4 Portionen
8 Wachtelbrüstchen ♦
50 g Butter ♦ 2 El Cognac ♦
150 ml trockener Weißwein ♦
300 g Süßkirschen ♦ Salz ♦
Pfeffer ♦ Zucker

Zubereitungszeit: ca. 20 Minuten
(plus Bratzeit)

pro Portion:
ca. 325 kcal / 1365 kJ
19 g E ♦ 18 g F ♦ 12 g KH

1 Die Wachtelbrüstchen vom Brustknochen lösen, waschen und abtrocknen. Butter in einer Pfanne erhitzen und die Brüstchen darin von beiden Seiten ca. 2–3 Minuten anbraten.

2 Cognac erhitzen, Wachtelbrüstchen mit dem heißen Cognac begießen und anzünden. Die Flamme mit dem Weißwein löschen. Anschließend salzen, pfeffern und zugedeckt ca. 5 Minuten schmoren.

3 Kirschen waschen, entsteinen, den Saft dabei auffangen. Kirschen mit Saft zu den Wachtelbrüstchen in die Pfanne geben und ca. 2 Minuten darin braten. Mit wenig Zucker bestreuen.

4 Die Wachtelbrüste auf Teller anrichten. Die Kirschen darüber geben, alles mit dem Bratensaft beträufeln und servieren. Dazu passt knuspriges Baguette oder Wildreis.

Wildentenbrust in Fladenbrot

Für 4 Portionen
2 Stiele Thymian ♦ 4 Wildentenbrüste ♦ 200 g durchwachsener Speck ♦ 2 Schalotten ♦ 3 El Olivenöl ♦ Salz ♦ Pfeffer ♦ ca. 125 ml Geflügelbrühe ♦ 4 kleine Pitabrote ♦ 200 g Weißkrautsalat ♦ 4 El Joghurtdressing mit Knoblauch

Zubereitungszeit: ca. 30 Minuten (plus Brat- und Backzeit)

pro Portion:
ca. 760 kcal / 3192 kJ
57 g E ♦ 54 g F ♦ 14 g KH

1 Den Thymian waschen, trockenschütteln und die Blättchen von den Stielen abzupfen. Blättchen klein hacken und beiseite stellen. Die Wildentenbrüste waschen, abtrocknen und in mundgerechte Stücke schneiden. Den Speck klein würfeln. Die Schalotten schälen und in Scheiben schneiden.

2 Das Olivenöl in einer Pfanne erhitzen und die Fleischwürfel darin rundherum ca. 3 Minuten anbraten. Den Speck hinzufügen und ca. 2 Minuten mitbraten. Die Schalotten ebenfalls hinzufügen und unter Rühren glasig dünsten. Alles mit Salz und Pfeffer würzen, den Thymian zum Fleisch geben.

3 Die Geflügelbrühe angießen und alles zugedeckt in ca. 5–8 Minuten gar schmoren lassen. Die Pitabrote aufbacken, aufschneiden und Weißkrautsalat und Fleisch hineingeben. Mit Dressing beträufelt servieren.

Entenbrust mit Birnen

Für 4 Portionen
4 Entenbrüste ♦ 2 El Olivenöl ♦ 2 rote Zwiebeln ♦ 1 Möhre ♦ 1 Tl frische Thymianblättchen ♦ 250 ml Hühnerbrühe ♦ 2 gewürfelte Tomaten ♦ 8 feste Birnenhälften ♦ 1 Zimtstange ♦ 60 g gehackte Mandeln ♦ 100 ml Weinbrand ♦ 1 Knoblauchzehe ♦ Salz ♦ Pfeffer

Zubereitungszeit: ca. 20 Minuten (plus Bratzeit)

pro Portion:
ca. 803 kcal / 3371 kJ
51 g E ♦ 48 g F ♦ 30 g KH

1 Fleisch waschen, abtrocknen, mit der Hautseite zuerst ca. 4 Minuten in Öl braten. Herausnehmen, 4 El Bratfett aufheben und die Pfanne auswischen. Zwiebeln und Möhre schälen und klein würfeln.

2 Die Hälfte des Fettes zurückgeben. Zwiebeln, Möhre und Thymian hinzufügen und 5 Minuten braten. Brühe und Tomaten hinzugeben und bei leicht geöffnetem Deckel ca. 30 Minuten köcheln lassen, bis die Sauce dickflüssig ist, anschließend pürieren.

3 Sauce mit der Entenbrust zurück in die Pfanne geben und ca. 30 Minuten köcheln lassen. Inzwischen Birnen mit Zimt in einem Topf mit wenig Wasser 5 Minuten bissfest garen. Herausnehmen und warm halten.

4 125 ml der Birnenflüssigkeit in die Tomatensauce rühren. Mandeln mit Weinbrand in einem Mörser zerstoßen. Knoblauch schälen, hinzupressen und alles in die Sauce hineinrühren. Fleisch herausnehmen und warm halten. Die Sauce mit Salz und Pfeffer abschmecken, 10 Minuten durchkochen lassen und mit dem Fleisch und den Birnen servieren.

Tipp:
Zu den Entenbrüsten schmecken in Butter gebratene breite Spinatnudeln mit Butterbröseln.

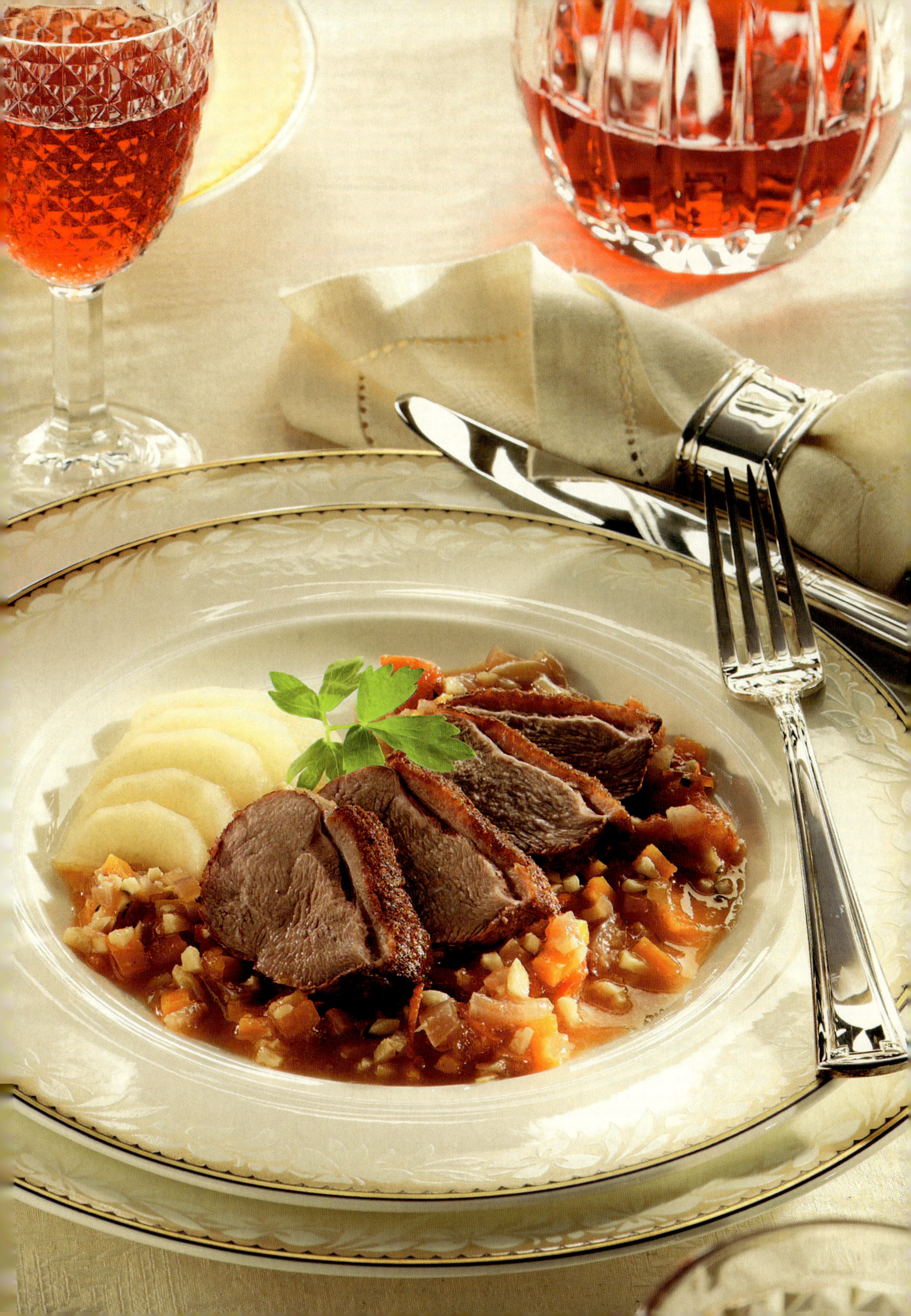

Fasanenbrust mit Kartoffel-Buchweizen-Küchlein

Für 4 Portionen
4 Fasanenbrüste ♦ Salz ♦ Pfeffer ♦
2 Zweige Rosmarin ♦ Öl zum
Braten ♦ 4 Wacholderbeeren ♦
500 g Kartoffeln ♦ Salz ♦
2 Eier ♦ 75 g Buchweizenmehl ♦
2 El Milch

Zubereitungszeit: ca. 20 Minuten
(plus Bratzeit)

pro Portion:
ca. 388 kcal / 1628 kJ
30 g E ♦ 14 g F ♦ 35 g KH

1 Den Backofen auf 180 °C vorheizen. Die Fasanenbrüste waschen, abtrocknen und die Sehnen entfernen. Salzen und pfeffern. Rosmarin waschen, trockenschütteln und die Nadeln von den Stielen zupfen. Etwas Öl in einer Pfanne erhitzen und die Brüste darin ca. 2 Minuten anbraten.

2 Rosmarin und die zerdrückten Wacholderbeeren ca. 1 Minute mitbraten. Die Pfanne 5 Minuten in den vorgeheizten Backofen stellen. Anschließend die Filets herausnehmen und in Alufolie eingewickelt ca. 3 Minuten ruhen lassen.

3 Die Kartoffeln schälen, reiben und mit Salz, Eiern, Mehl und Milch verrühren. In einer Pfanne in Öl in ca. 2 Minuten zu goldbraunen Küchlein backen. Fasanenbrüste mit den Buchweizenküchlein anrichten. Dazu schmeckt süß-saures Kürbiskompott.

Gänsebrustfilet mit Orangen

Für 4 Portionen
4 Gänsebrustfilets (600 g) ♦
Salz ♦ Pfeffer ♦ 2 El flüssiger
Honig ♦ 2 El Butterschmalz ♦
150 ml Orangensaft ♦ 150 ml
trockener Rotwein ♦ 1 El
Zitronensaft ♦ 1/2 Tl geriebene
Zitronenschale ♦ 1 El Orangenkonfitüre ♦ 3 Orangen ♦ 1 Tl
Speisestärke

Zubereitungszeit: ca. 20 Minuten
(plus Bratzeit)

pro Portion:
ca. 673 kcal / 2825 kJ
25 g E ♦ 52 g F ♦ 21 g KH

1 Gänsebrustfilet waschen und abtrocknen, salzen, pfeffern und mit Honig bepinseln. Butterschmalz erhitzen und Filets darin ca. 10 Minuten anbraten.

2 Orangensaft, Wein, Zitronensaft und -schale und die Konfitüre hinzufügen und aufkochen lassen. Filets zugedeckt 10 Minuten darin schmoren.

3 Orangen filetieren. Gänsebrust herausnehmen und warm halten. Den Fond mit Stärke leicht binden, Orangenfilets darin heiß werden lassen. Gänsebrust in Scheiben schneiden und mit der Sauce servieren.

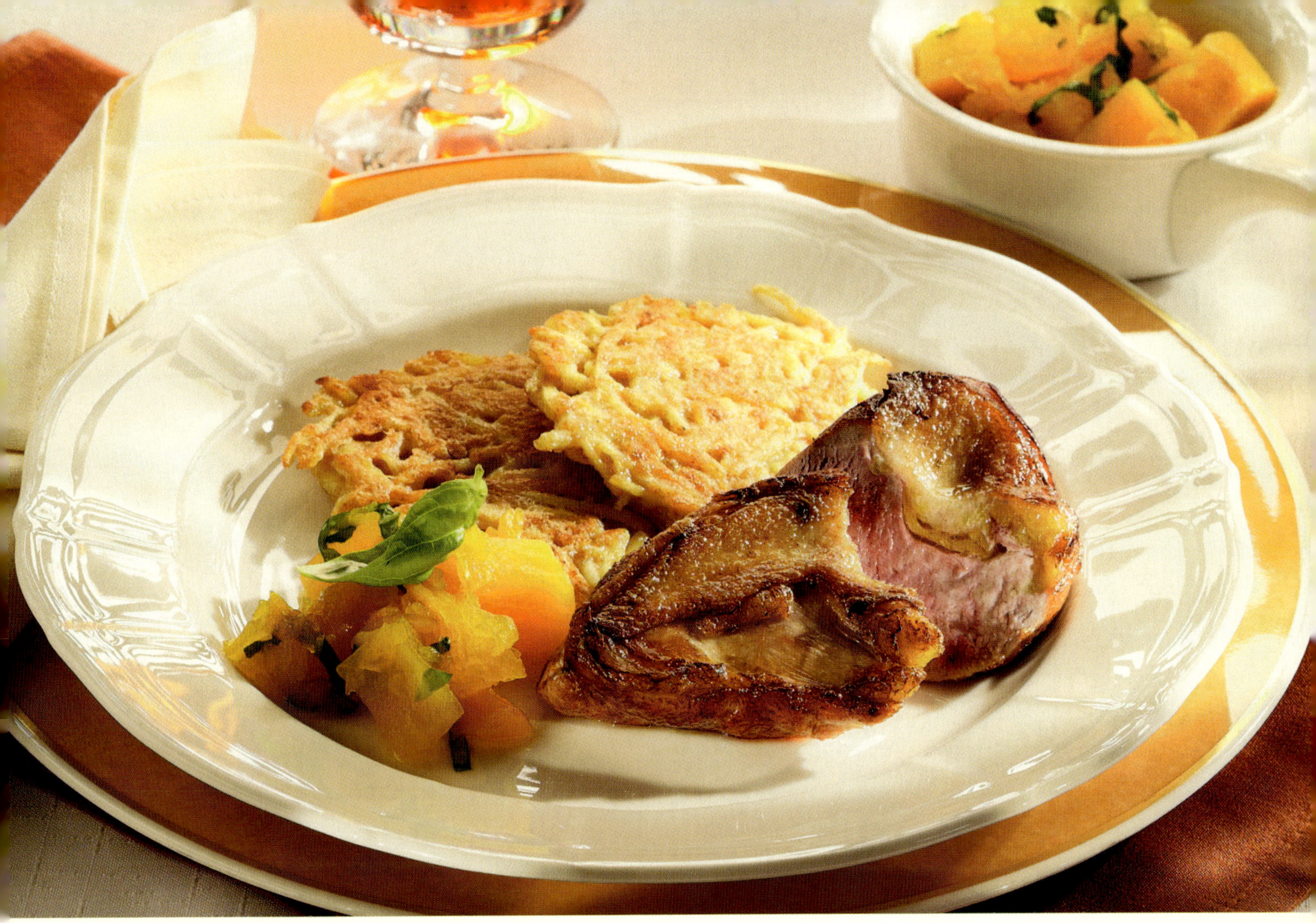

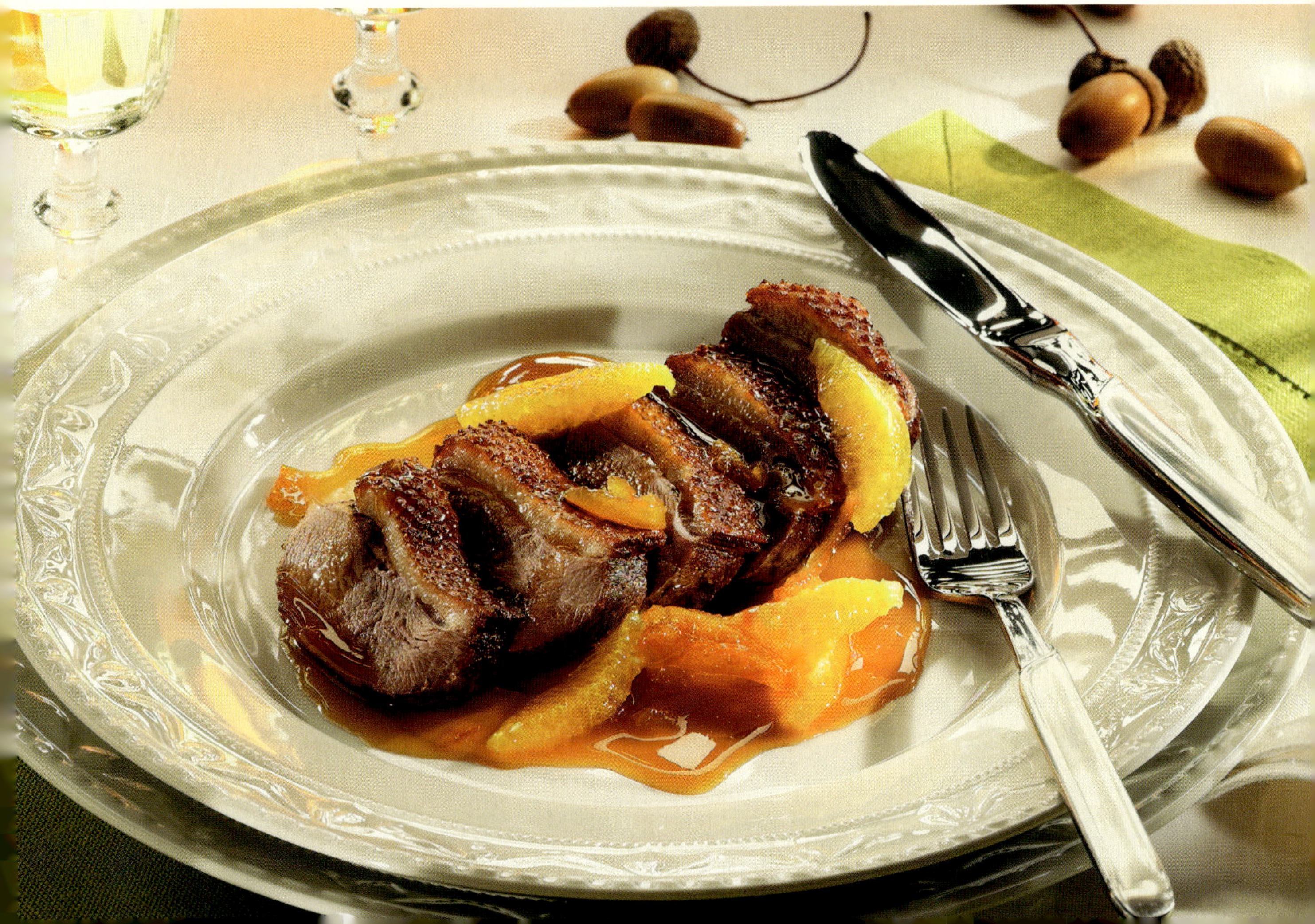

Schnelle Wachtelpfanne

Für 4 Portionen
20 g getrocknete Morcheln ♦ 2 Stangen Staudensellerie ♦ 4 Wachtelbrüste ♦ 4 Wachtellebern ♦ 50 g Butter ♦ 150 ml trockener Rotwein ♦ Salz ♦ Pfeffer ♦ 100 g Crème double

Zubereitungszeit: ca. 25 Minuten (plus Brat- und Einweichzeit)

pro Portion:
ca. 390 kcal / 1638 kJ
27 g E ♦ 27 g F ♦ 5 g KH

1 Die Morcheln ca. 20 Minuten in heißem Wasser einweichen. Abgießen, ausdrücken, Einweichwasser beiseite stellen. Große Morcheln in Scheiben schneiden.

2 Sellerie putzen, waschen, entfädeln und in feine Scheiben schneiden.

3 Die Wachtelbrüste und -lebern waschen, abtrocknen und in feine Streifen schneiden.

4 Die Butter erhitzen und Sellerie darin ca. 1 Minute anbraten. Wachtelbrust und -leber ca. 3–4 Minuten mitbraten.

5 Morcheln und Wein hinzugeben und alles ca. 2–3 Minuten kochen. Anschließend etwas Einweichwasser zugießen und gut durchkochen lassen. Mit Salz, Pfeffer und Crème double abschmecken. Dazu passen Salat und Nudeln.

Wildentenbrust mit Chili

Für 4 Portionen
2 Limetten ♦ 4 Stiele Thymian ♦
4 Wildentenbrüste ♦ Salz ♦
Pfeffer ♦ 3 El Olivenöl ♦
1 kleine rote Chilischote ♦
250 ml Geflügelbrühe

Zubereitungszeit: ca. 30 Minuten
(plus Bratzeit)

pro Portion:
ca. 675 kcal / 2835 kJ
48 g E ♦ 52 g F ♦ 2 g KH

1 Die Limetten heiß abwaschen und trockenreiben. Die Schale abreiben und den Saft der Limetten auspressen, beiseite stellen. Den Thymian waschen, trockenschütteln und die Blättchen von 2 Stielen abzupfen. Blättchen klein hacken, restlichen Thymian beiseite stellen.

2 Die Wildentenbrüste waschen, abtrocknen und mit Salz, Pfeffer und Limettenschale rundherum kräftig einreiben. Das Olivenöl in einer Pfanne erhitzen und die Wildentenbrüste darin von beiden Seiten ca. 5 Minuten anbraten.

3 Inzwischen Chilischote halbieren, entkernen, anschließend waschen und in feine Würfel schneiden. Chili, Limettensaft und gehackten Thymian zum Fleisch geben und aufkochen lassen.

4 Die Geflügelbrühe hinzugießen und alles zugedeckt noch ca. 8–10 Minuten gar schmoren lassen. Die Wildentenbrüste in Scheiben schneiden und mit Thymian garniert auf Reis servieren.

Fasanenbrüstchen im Endivienmantel

Für 4 Portionen
4 Fasanenbrüstchen ♦ 200 g getrocknetes Mischobst, z.B. Aprikosen, Pflaumen und Feigen ♦ 20 g getrocknete Steinpilze ♦ 250 g halb gefrorenes Putenbrustfilet ♦ 1 Eiweiß ♦ 1 El Cognac ♦ Salz ♦ weißer Pfeffer ♦ Cayennepfeffer ♦ 125 ml Sahne ♦ 2–3 El Öl ♦ 4 große feste Endiviensalatblätter ♦ 125 ml Gemüsebrühe

Zubereitungszeit: ca. 30 Minuten (plus Bratzeit)

pro Portion:
ca. 495 kcal / 2079 kJ
44 g E ♦ 22 g F ♦ 27 g KH

1 Fleisch waschen und abtrocknen. Die getrockneten Früchte und die Pilze in kochendem Wasser 15 Minuten einweichen. Abtropfen lassen, klein würfeln und vermischen.

2 Putenfleisch in 1/2 cm große Würfel schneiden und mit Eiweiß und Cognac im Mixer fein pürieren. Mit Salz und Pfeffer würzen. Sahne und die Hälfte der gewürfelten Früchtemischung hinzufügen.

3 Fasanenbrüste in heißem Öl ca. 3 Minuten anbraten, herausnehmen und würzen. Restliche Früchtemischung ca. 2 Minuten in der Pfanne dünsten, auskühlen und unter die fertige Farce mischen.

4 Salatblätter in Salzwasser ca. 30 Sekunden blanchieren, abschrecken und mit der Farce bestreichen. Fasanenbrüste darin einwickeln. Mit Küchengarn zubinden, in der Pfanne rundherum anbraten, Brühe hinzugießen und alles ca. 12–15 Minuten schmoren lassen.

Geschnetzeltes von der Wildentenbrust

Für 4 Portionen
500 g Wildentenbrust ♦ 1 gewürfelte rote Paprikaschote ♦ 1 gewürfelte gelbe Paprikaschote ♦ 150 g Austernpilze ♦ 3 gehackte Frühlingszwiebeln ♦ 1 El Butterschmalz ♦ Salz ♦ frisch gemahlener Pfeffer ♦ 120 g gehackte Walnüsse ♦ frische Rosmarinnadeln ♦ 3 El Weinbrand

Zubereitungszeit: ca. 20 Minuten (plus Bratzeit)

pro Portion:
ca. 528 kcal / 2216 kJ
29 g E ♦ 41 g F ♦ 8 g KH

1 Die Wildentenbrust waschen, abtrocknen, in Streifen schneiden und beiseite stellen. Pilze mit Küchenpapier abreiben, klein schneiden und mit dem vorbereiteten Gemüse und den Zwiebeln vermischen.

2 Das Fleisch in heißem Butterschmalz ca. 3–4 Minuten anbraten, leicht salzen und pfeffern.

3 Die Gemüsemischung hinzufügen und ca. 4 Minuten mitdünsten. Walnüsse hinzufügen und alles mit Rosmarin und Weinbrand abschmecken.

Fasanenragout mit Morcheln

Für 4 Portionen
ca. 15 g getrocknete Morcheln ◆
1 kg Fasanenbrustfleisch ◆
3 Schalotten ◆ 2 El Öl ◆ Salz ◆
20 g Butter ◆ 250 ml Wildfond ◆
125 ml Sahne ◆ 2 Stiele
Basilikum ◆ Mehl zum Binden

Zubereitungszeit: ca. 20 Minuten
(plus Brat- und Kochzeit)

pro Portion:
ca. 590 kcal / 2478 kJ
62 g E ◆ 37 g F ◆ 5 g KH

1 Die Morcheln in etwas heißem Wasser einweichen und anschließend längs halbieren. Das Fleisch waschen, abtrocknen und würfeln. Die Schalotten schälen und klein würfeln.

2 Das Fleisch in Öl scharf anbraten, salzen und herausnehmen. Die Butter in der Pfanne zerlassen und die Schalotten darin anschwitzen. Den Wildfond hinzugießen und einkochen lassen.

3 Die Morcheln mit dem Einweichwasser und die Sahne hinzufügen, alles etwa 10 Minuten köcheln lassen.

4 Das Basilikum waschen, trockenschütteln und klein hacken. Den Fond mit etwas Mehl binden, das Fleisch zur Sauce geben und fünf Minuten ziehen lassen. Abschmecken und mit Basilikum bestreut servieren. Dazu passt Reis.

Gänsekeulen mit gedünsteten Feigen

Für 4 Portionen
3–4 Gänsekeulen (ca. 750 g) ◆
Salz ◆ Pfeffer ◆ 1 El Butterschmalz ◆ 250 g Schalotten ◆
275 ml Weißwein ◆ 50 g
Rosinen ◆ 1 Tl Honig ◆
Cayennepfeffer ◆ 2–3 El Balsamico-Essig ◆ 8 frische Feigen ◆
1 Tl Butter ◆ 1–2 El Johannisbeergelee

Zubereitungszeit: ca. 25 Minuten
(plus Bratzeit)

pro Portion:
ca. 595 kcal / 2500 kJ
29 g E ◆ 39 g F ◆ 21 g KH

1 Gänsekeulen waschen, abtrocknen, salzen und pfeffern. In einer Pfanne das Butterschmalz erhitzen und die Gänsekeulen darin ca. 5–8 Minuten braun braten.

2 Schalotten schälen, vierteln, zu den Keulen hinzufügen und goldgelb braten. Weißwein und Rosinen zugeben, alles aufkochen und zugedeckt ca. 20 Minuten gar schmoren lassen.

3 Die Keulen herausnehmen und warm halten. Den Sud offen einkochen und mit Honig, Cayennepfeffer und dem Balsamico-Essig abschmecken.

4 Feigen waschen, abtrocknen, geviertelt und vom harten Stielansatz befreit in heißer Butter rundherum andünsten. Das Johannisbeergelee hinzugeben und noch ca. 2 Minuten weiter dünsten. Die Keulen mit den Feigen auf Teller anrichten. Die Sauce separat dazu reichen.

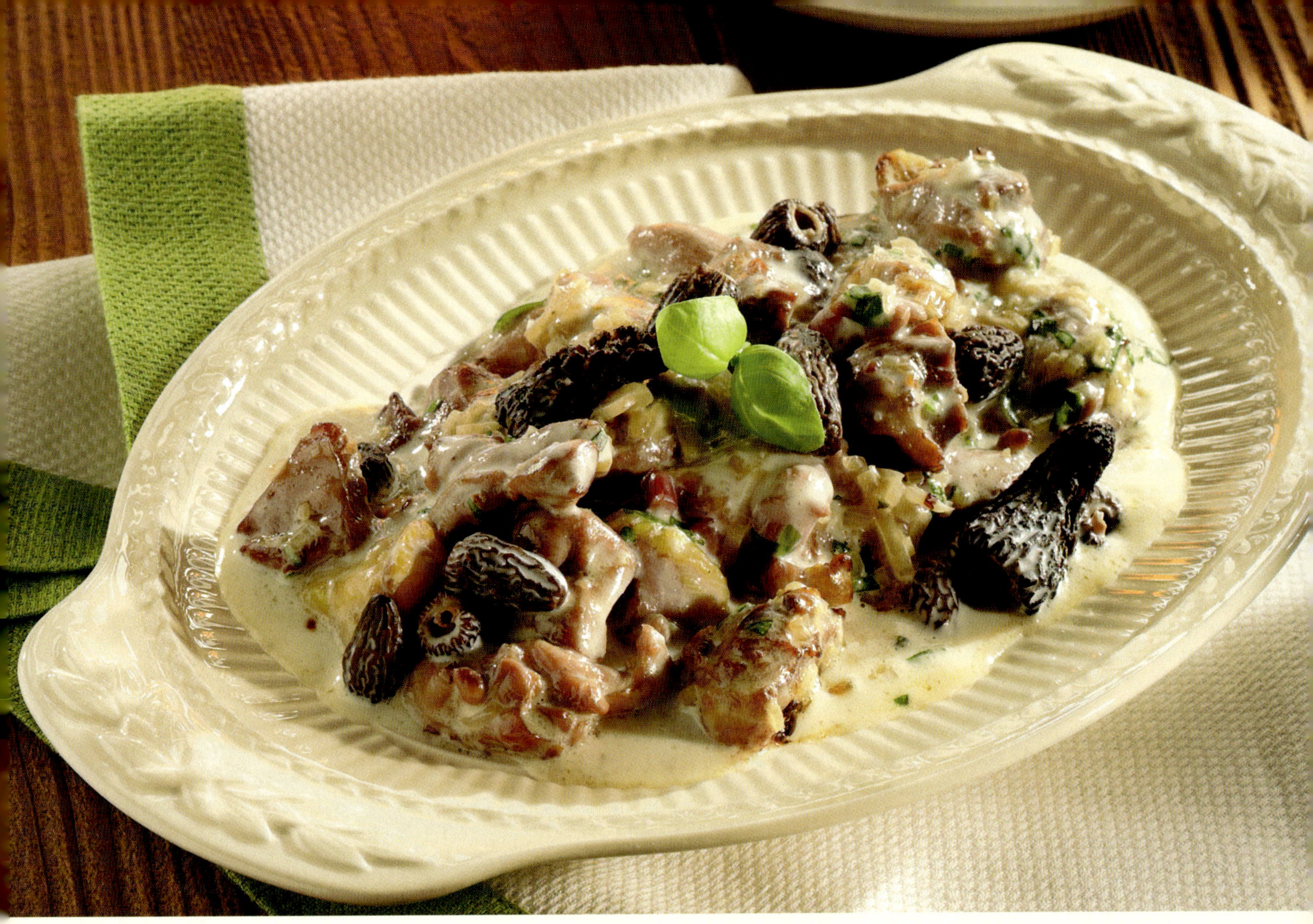

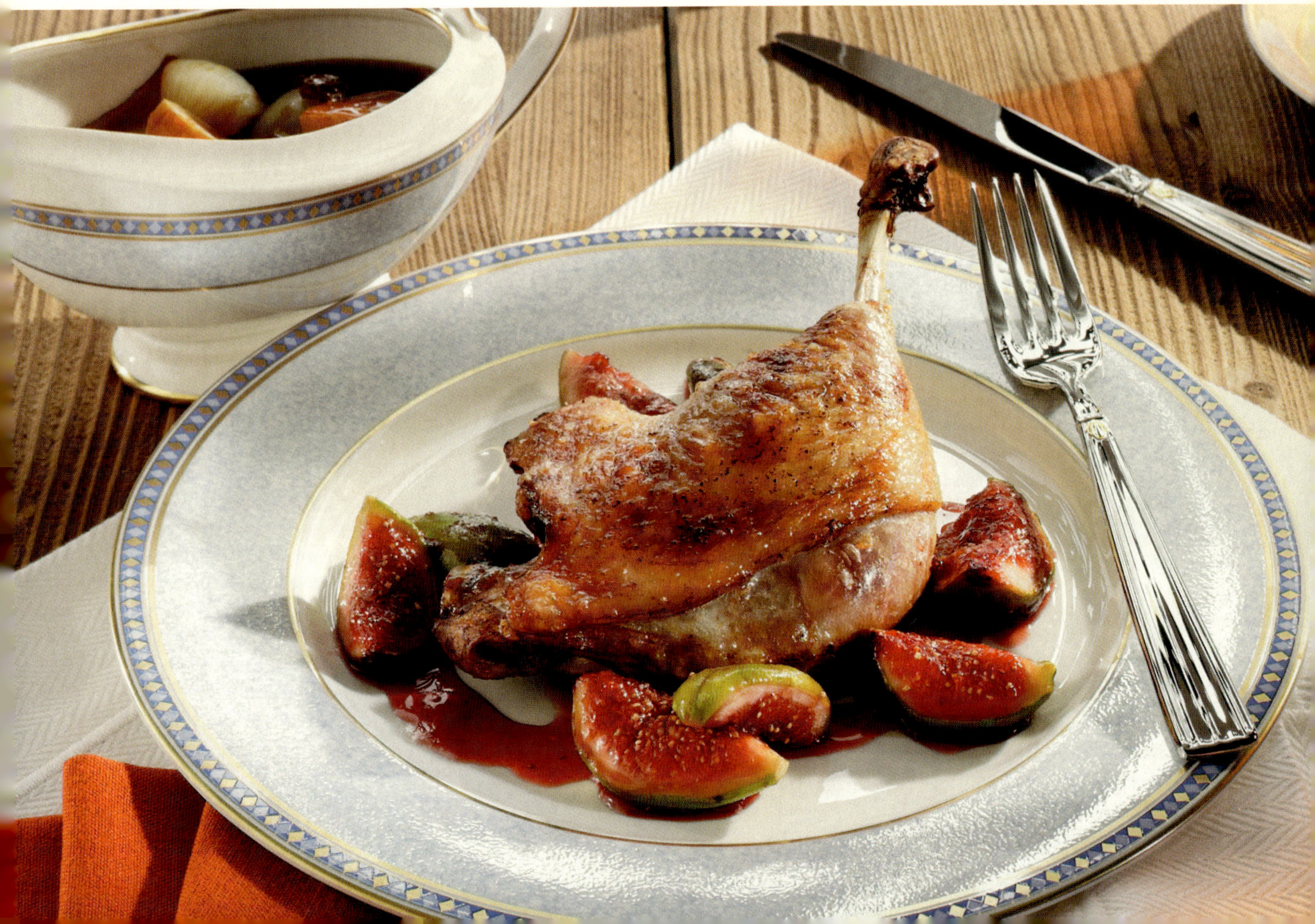

Gefüllte Entenbrust mit Zwiebeln und Äpfeln

Für 4 Portionen
4 Wildentenbrüste ♦ 1 Stange Porree ♦ 250 g Staudensellerie ♦ 1 Möhre ♦ Salz ♦ frisch gemahlener schwarzer Pfeffer ♦ 2 El Öl ♦ 500 g rote Zwiebeln ♦ 40 g Butter ♦ 1 El Farinzucker ♦ 2 El Balsamessig ♦ 2 Äpfel ♦ 3 Salbeiblätter

Zubereitungszeit: ca. 30 Minuten (plus Bratzeit)

pro Portion:
ca. 690 kcal / 2898 kJ
43 g E ♦ 50 g F ♦ 19 g KH

1. Entenbrüste waschen, abtrocknen und jeweils eine Tasche hineinschneiden. Porree, Sellerie und Möhre putzen, waschen und sehr fein würfeln. Mit Salz und Pfeffer würzen und das Fleisch damit füllen. Anschließend mit Küchengarn verschließen.

2. Den Backofen auf 200 °C vorheizen. Die Brüste in Öl anbraten und bei geringer Hitze ca. 10 Minuten schmoren lassen. Herausnehmen und in eine Auflaufform legen, die Haut nach oben.

3. Die Entenbrust im Backofen ca. 20 Minuten knusprig braun braten. Die Zwiebeln schälen und vierteln. Die Butter in einer Pfanne erhitzen und Zwiebeln darin glasig dünsten. Zucker darüber streuen, karamellisieren und den Essig darunter rühren.

4. Äpfel waschen, halbieren, entkernen, anschließend in Spalten schneiden. Zu den Zwiebeln hinzufügen und 5 Minuten mitdünsten. Würzen und die Salbeiblätter zugeben. Das Fleisch in Scheiben schneiden und mit dem Apfel-Zwiebel-Gemüse anrichten.

Tipp:
Bekommen Sie keine Wildentenbrüste beim Wildhändler, nehmen Sie normale Entenbrüste aus dem Handel.

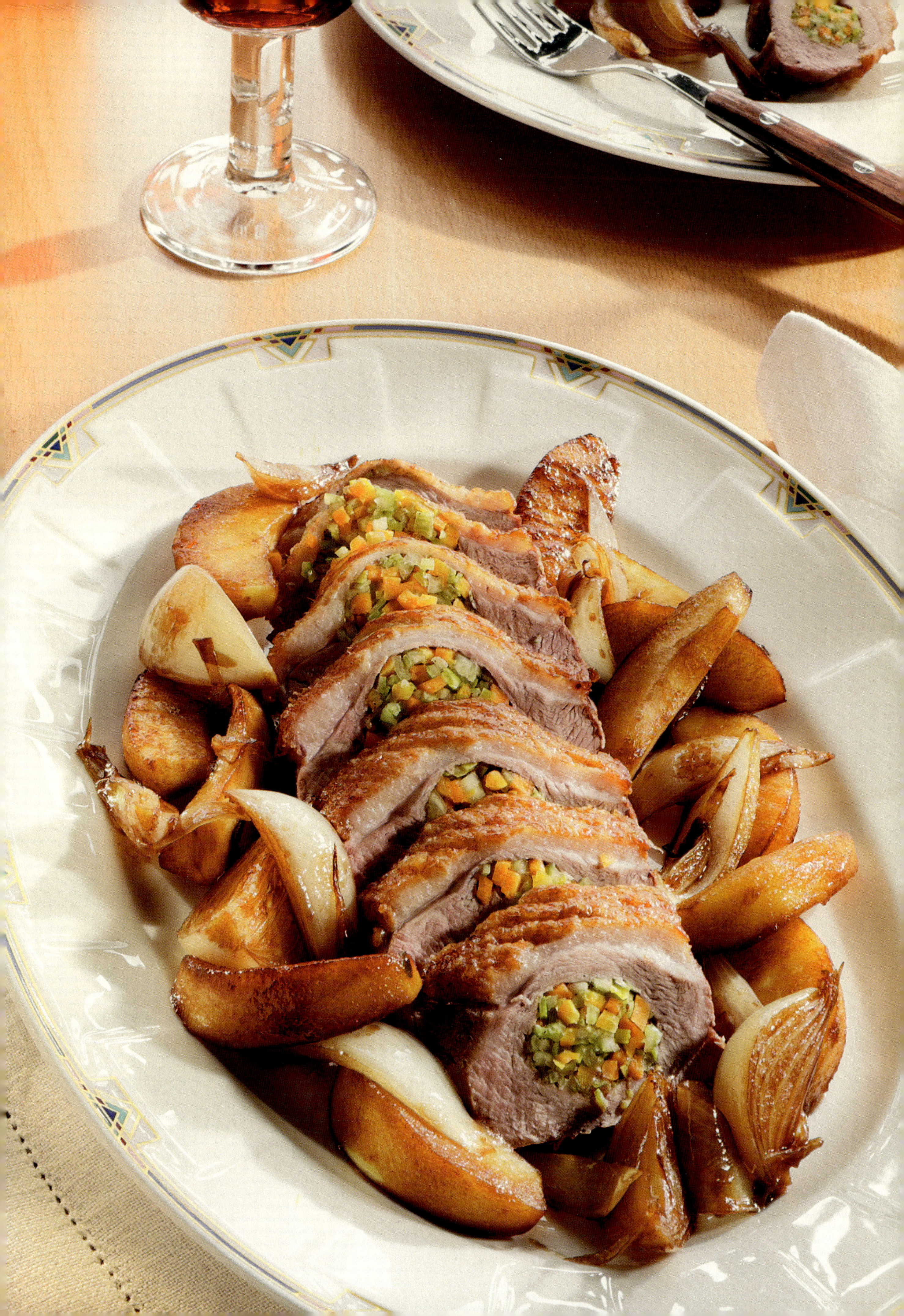

Wachteln mit gedünsteten Trauben

Für 4 Portionen
8 Wachteln ◆ Salz ◆ 4 Tl frischer Thymian ◆ 8 Scheiben Frühstücksspeck ◆ 4 El Olivenöl ◆ 1 Tl Zucker ◆ 125 ml Beerenauslese ◆ 150 ml Geflügelfond ◆ 600 g blaue und weiße kernlose Weintrauben ◆ frisch gemahlener weißer Pfeffer

Zubereitungszeit: ca. 20 Minuten (plus Bratzeit)

pro Portion:
ca. 665 kcal / 2793 kJ
53 g E ◆ 36 g F ◆ 27 g KH

1 Wachteln waschen, abtrocknen, innen und außen salzen und 2/3 des Thymians in die Wachteln streuen. Speck jeweils bis zur Hälfte um die Keulen wickeln, den Rest in den Körper stecken.

2 Öl in einer Pfanne erhitzen. Wachteln auf der Brustseite scharf anbraten, dabei etwas flach drücken. Wachteln wenden, Zucker hineinstreuen und leicht karamellisieren lassen. Wein zugießen und alles zugedeckt 10 Minuten schmoren. Anschließend die Hälfte vom Fond dazugießen, weitere 10 Minuten schmoren und Wachteln herausnehmen.

3 Restlichen Fond in die Pfanne gießen. Trauben waschen und im Fond anschmoren. Wachteln dazugeben, pfeffern und mit dem restlichen Thymian bestreuen. Zugedeckt 8 Minuten ziehen lassen und servieren.

Ungarische Gänsekeulen

Für 4 Portionen
4 Gänsekeulen • Salz • 2 El Öl •
2 Zwiebeln • Edelsüßpaprika •
2 Knoblauchzehen • gemahlener
Kümmel • 1 kg gestiftelte
Kartoffeln • 3 gewürfelte
Tomaten • 2 gewürfelte grüne
Paprikaschoten • 125 ml
Gemüsebrühe • 1/2 Bund
gehackte Petersilie

Zubereitungszeit: ca. 20 Minuten
(plus Bratzeit)

pro Portion:
ca. 603 kcal / 2531 kJ
29 g E • 35 g F • 43 g KH

1 Gänsekeulen waschen, abtrocknen und salzen. Das Öl erhitzen, die Gänsekeulen darin ca. 5 Minuten anbraten und herausnehmen. Zwiebeln und Knoblauch schälen und hacken.

2 Im Restfett die Zwiebeln anbraten, mit Paprika bestäuben und ca. 125 ml Wasser hinzugießen. Gänsekeulen hineinlegen, Knoblauch und Kümmel dazugeben und zugedeckt ca. 20 Minuten schmoren.

3 Das vorbereitete Gemüse und die Brühe dazugeben und alles zugedeckt weitere 20–30 Minuten garen. Mit Petersilie bestreut servieren.

Wildentenbrüstchen mit Minze

Für 4 Portionen
4 Entenbrüste ◆ Salz ◆ Pfeffer ◆
2 El Öl ◆ 2 Bund Pfefferminze ◆
1 Orange ◆ 225 ml Rotwein ◆
200 ml Geflügelfond ◆ Saft von
2 Bitterorangen ◆ 60 g eiskalte
Butter ◆ Zucker

Zubereitungszeit: ca. 15 Minuten
(plus Bratzeit)

pro Portion:
ca. 813 kcal / 3413 kJ
49 g E ◆ 62 g F ◆ 8 g KH

1 Die Entenbrüstchen waschen, abtrocknen und mit Salz und Pfeffer würzen. In heißem Öl von beiden Seiten ca. 8 Minuten braten. Anschließend in Alufolie wickeln und 7 Minuten ruhen lassen.

2 Die Pfefferminze waschen, trockenschütteln und klein hacken. Orange schälen und filetieren.

3 Für die Sauce den Bratenfond mit dem Rotwein loskochen. Geflügelfond und Orangensaft hinzugeben und etwas einkochen lassen.

4 Alles mit der eiskalten Butter zu einer sämigen Sauce schlagen.

5 Die Orangenfilets und die Pfefferminze, bis auf 1 El, zur Sauce geben und mit Zucker abschmecken. Das Fleisch schräg in Scheiben schneiden und mit der Sauce begießen. Mit der restlichen Minze bestreut servieren.

Wachteln mit Steinpilzen

Für 4 Portionen
4 Wachteln ♦ 400 g Steinpilze ♦
3 El Olivenöl ♦ Salz ♦ Pfeffer

Zubereitungszeit: ca. 30 Minuten
(plus Bratzeit)

pro Portion:
ca. 273 kcal / 1145 kJ
25 g E ♦ 19 g F ♦ 1 g KH

1 Die Wachteln am Rückenstrang entlang halbieren, waschen und trockenreiben. Die Steinpilze putzen und sauber bürsten, anschließend in Scheiben schneiden.

2 2 El Olivenöl in einer Pfanne erhitzen und die Steinpilze darin ca. 3–5 Minuten goldbraun braten. Anschließend mit Salz und Pfeffer würzen, herausnehmen und beiseite stellen. Die Pfanne mit einem Küchenpapier ausreiben.

3 Die Wachtelhälften mit Salz und Pfeffer einreiben. Restliches Olivenöl in der Pfanne erhitzen und die Wachteln von beiden Seiten darin ca. 5 Minuten anbraten, dabei etwas flach drücken. Die Wachteln wenden, Hitze reduzieren und zugedeckt ca. 5–8 Minuten weiterbraten, bis sie gar sind.

4 Die Steinpilze zugeben, erhitzen und mit den Wachteln auf einer Platte anrichten. Dazu schmeckt ein herbstlicher Blattsalat.

Wildentenbrust auf Weinsauerkraut mit Trauben

Für 4 Portionen
4 Wildentenbrüste ohne Haut ♦ Salz ♦ Pfeffer ♦ 1 El Öl ♦ 2 El Butter ♦ 4 Schalotten ♦ 6 Wacholderbeeren ♦ 1 Lorbeerblatt ♦ 500 g frisches Sauerkraut ♦ 150 ml Weißwein ♦ 1 Prise Zucker ♦ 300 g kleine dunkle Weintrauben ohne Kern

Zubereitungszeit: ca. 25 Minuten (plus Brat- und Kochzeit)

pro Portion:
ca. 693 kcal / 2909 kJ
47 g E ♦ 46 g F ♦ 17 g KH

1 Die Entenbrüste waschen, abtrocknen, salzen und pfeffern. In einer Pfanne Öl und Butter erhitzen, die Wildentenbrüste darin auf beiden Seiten ca. 2–3 Minuten anbraten. Herausnehmen.

2 Die Schalotten schälen, in feine Scheiben schneiden und in dem Bratfett glasig dünsten. Die Wacholderbeeren leicht zerdrücken und mit dem Lorbeerblatt hinzufügen.

3 Das Sauerkraut mit zwei Gabeln auflockern und mit dem Wein zugeben. Mit Salz und Zucker abschmecken und ca. 5 Minuten durchkochen lassen.

4 Die Entenbrüste auf das Kraut legen, zugedeckt ca. 25–30 Minuten langsam schmoren. Trauben waschen, halbieren, unter das Kraut mischen und ca. 4–5 Minuten darin erhitzen. Vor dem Servieren das Lorbeerblatt entfernen.

Wildentenbrust mit Weingelee

Für 4 Portionen
200 ml Rotwein ♦ 4 Blatt Gelatine ♦ 2 Wildentenbrüste ♦ Öl ♦ Salz ♦ 1 Tl rosa Pfefferbeeren ♦ 1 kleiner Blattsalat

Zubereitungszeit: ca. 20 Minuten (plus Kühl- und Bratzeit)

pro Portion:
ca. 330 kcal / 1386 kJ
24 g E ♦ 20 g F ♦ 4 g KH

1 Den Wein erhitzen und die eingeweichte Gelatine darin auflösen. Wein in eine Glasschale gießen, ca. 3 Stunden kalt stellen.

2 Wildentenbrüste waschen, abtrocknen und in etwas Öl 3–4 Minuten rosa braten. Salzen, herausnehmen und in dünne Scheiben schneiden. Pfefferbeeren zerstoßen und über die Brüste streuen.

3 Weingelee stürzen und klein würfeln. Salat waschen und trockenschütteln. Entenbrust mit den Geleewürfeln auf dem Salat anrichten.

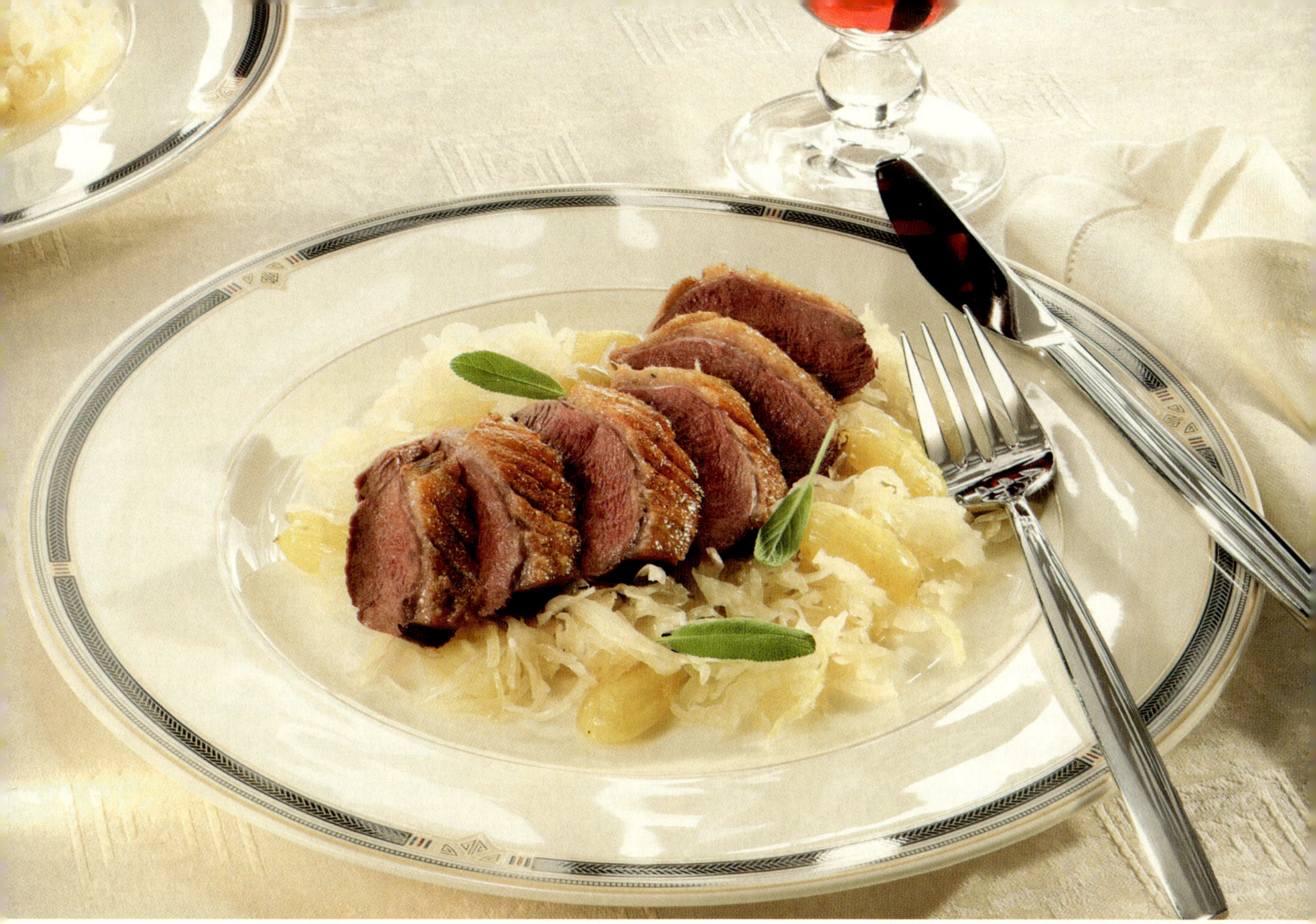

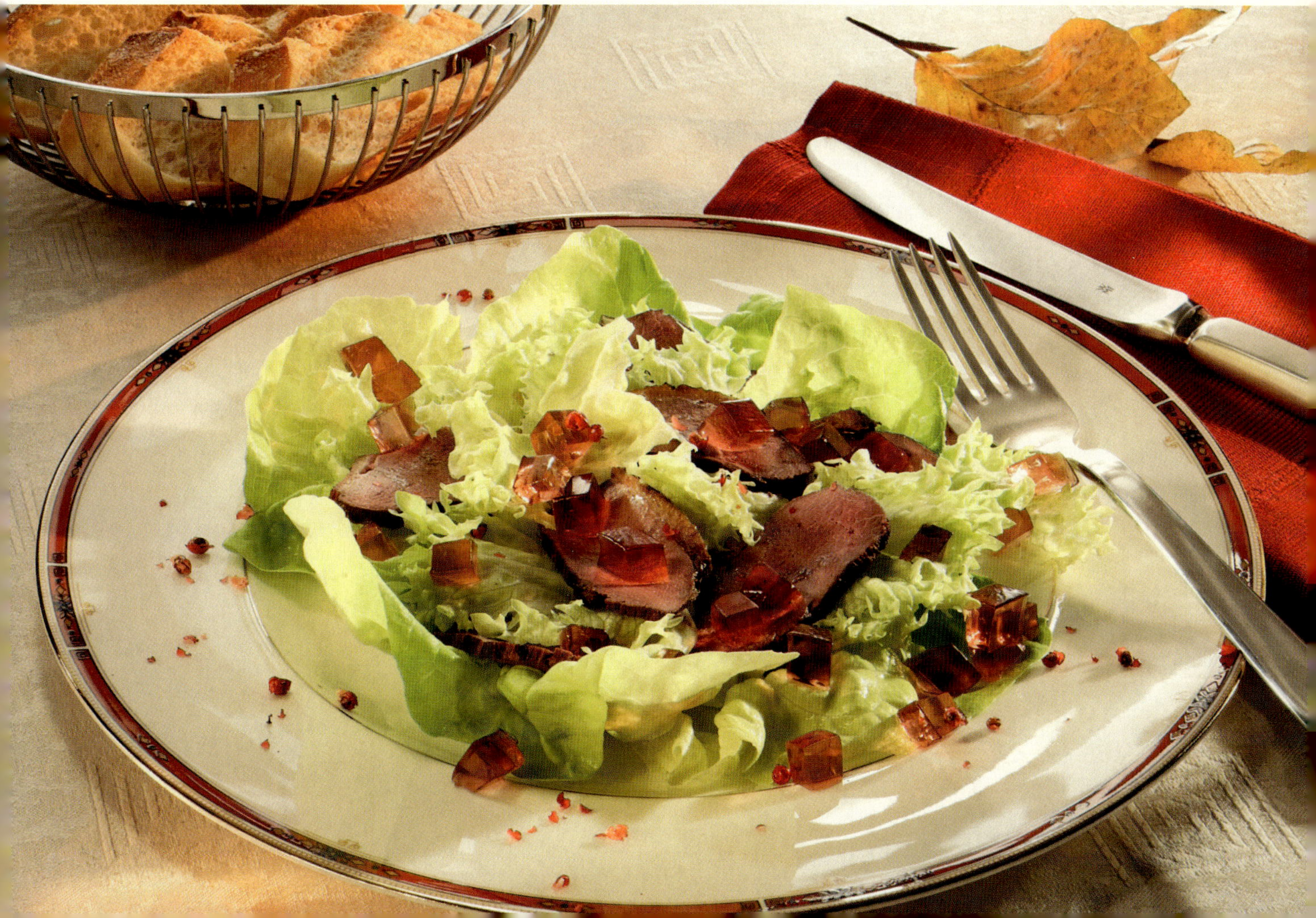

Salat mit geräucherter Entenbrust

Für 4 Portionen
2 Entenbrüste à 250 g ♦ 7 g Pökelsalz ♦ 2 Tl Teeblätter ♦ 2 El Pflanzenöl ♦ 2 El Hoi-sin-Sauce ♦ 75 g rote Linsen ♦ Salz ♦ einige Salatblätter ♦ 80 g Cocktailtomaten ♦ 1 El Sojasauce ♦ 2 El Balsamico-Essig ♦ Salz ♦ Pfeffer ♦ 4 El kalt gepresstes Olivenöl

Zubereitungszeit: ca. 60 Minuten (plus Marinier-, Räucher- und Bratzeit)

pro Portion:
ca. 403 kcal / 1693 kJ
28 g E ♦ 28 g F ♦ 10 g KH

1. Entenbrüste waschen, abtrocknen, mit Pökelsalz einreiben und abgedeckt über Nacht im Kühlschrank ziehen lassen.

2. Am nächsten Tag die Teeblätter in den Wok streuen. Das Gitter darüber geben und die Entenbrüste auflegen. Den Wok zugedeckt erhitzen, bis sich Rauch entwickelt. Die Hitze reduzieren und die Entenbrüste ca. 15 Minuten räuchern. Herausnehmen und die Haut rautenförmig einschneiden.

3. Die Brüste auf der Hautseite in dem Pflanzenöl bei starker Hitze ca. 5 Minuten anbraten, wenden und bei mittlerer Hitze etwa 10 Minuten weiterbraten. Herausnehmen mit Hoi-sin-Sauce bestreichen und 10 Minuten ruhen lassen.

4. Linsen in kochendes Salzwasser geben und ca. 2–4 Minuten garen, abtropfen lassen. Tomaten waschen und halbieren. Salat und Tomaten auf 4 Teller anrichten, Linsen zugeben. Aus Sojasauce, Balsamico-Essig und Olivenöl eine Vinaigrette rühren. Mit Salz und Pfeffer würzen und über den Salat träufeln. Die Entenbrüste in dünnen Scheiben darauf anrichten.

Tipp:
Schneller geht es, wenn Sie geräucherte Entenbrust kaufen oder hauchdünn geschnitten Rehschinken verwenden.

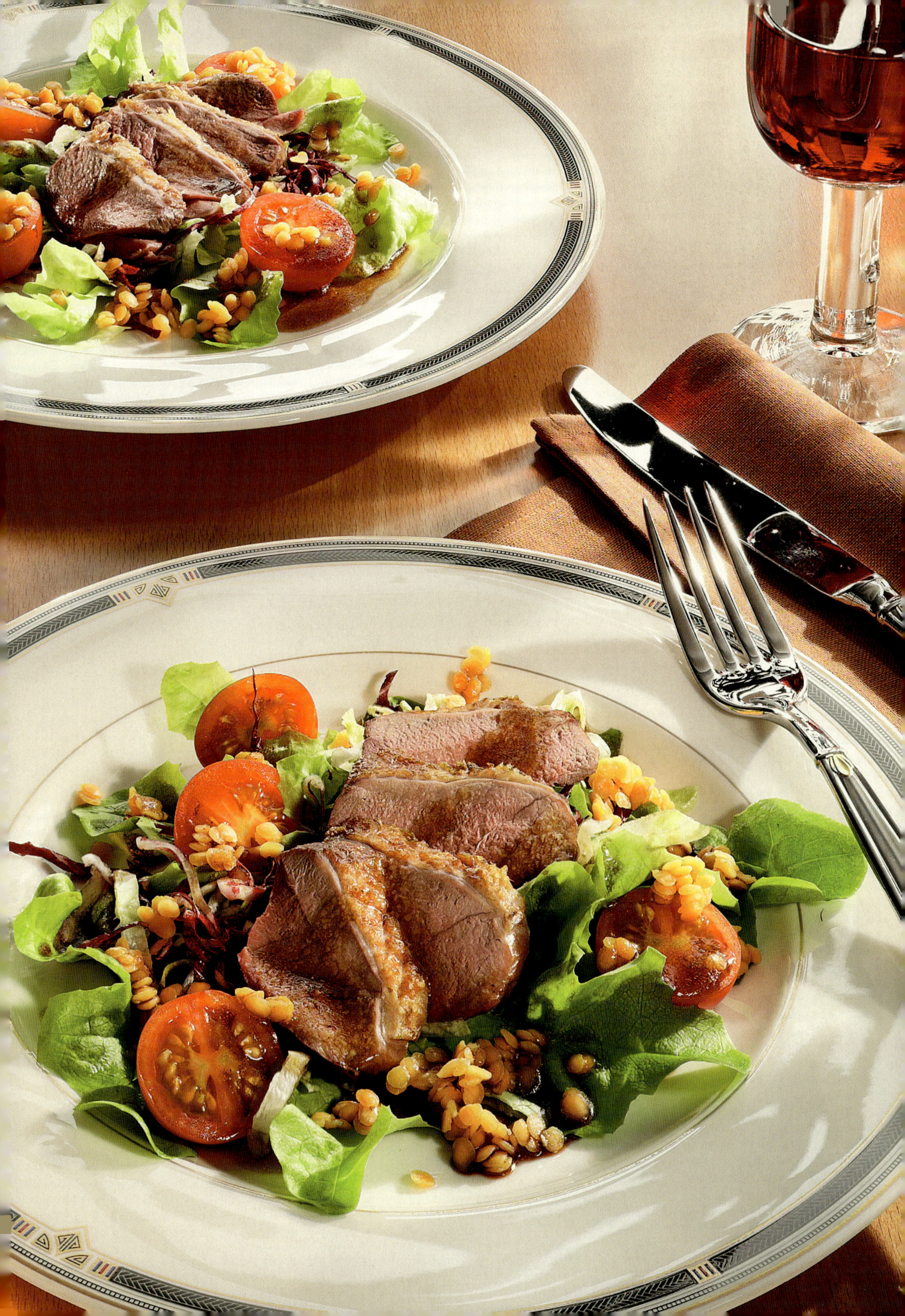

Gänsebrust mit Paprika und Mango

Für 4 Portionen
750 g Gänsebrust mit Haut ◆
1 El Butterschmalz ◆ Salz ◆
Pfeffer ◆ 1 rote Paprikaschote ◆
1/2 reife Mango ohne Stein ◆
1 Zweig Rosmarin ◆ 2 El Weinessig ◆ 3 El Olivenöl ◆ Salatblätter zum Anrichten

Zubereitungszeit: ca. 25 Minuten
(plus Brat- und Grillzeit)

pro Portion:
ca. 768 kcal / 3224 kJ
30 g E ◆ 70 g F ◆ 6 g KH

1 Gänsebrust waschen, abtrocknen und im heißen Butterschmalz von beiden Seiten braun braten, salzen und pfeffern. Etwas Wasser zugießen und zugedeckt ca. 10–15 Minuten schmoren.

2 Paprikaschote putzen, halbieren, entkernen, waschen und sehr klein würfeln. Mango schälen, fein würfeln und den Saft dabei auffangen. Rosmarin waschen, trockenschütteln, Nadeln abzupfen und fein hacken.

3 Mangosaft, Weinessig, Salz und Öl verrühren. Mango, Paprika und Rosmarin darunter heben. Gänsebrust 5 Minuten grillen, damit die Haut schön kross wird. Anschließend die Gänsebrust in dünne Scheiben schneiden, auf Salatblättern anrichten und mit der Vinaigrette beträufeln.

Italienische Gänsekeulen

Für 4 Portionen
4 Gänsekeulen ◆ Salz ◆ Pfeffer ◆ abgeriebene Schale von 1 unbehandelten Zitrone ◆ 6 El Olivenöl ◆ 1 El gehackter Thymian ◆ 1 Tl gehackte Rosmarinnadeln ◆ 2 Auberginen ◆ 6 Knoblauchzehen ◆ 3 Fleischtomaten ◆ 175 g Pinienkerne ◆ 1 Bund Basilikum ◆ 1 Bund glatte Petersilie

Zubereitungszeit: ca. 30 Minuten (plus Bratzeit)

pro Portion:
ca. 783 kcal / 3287 kJ
35 g E ◆ 68 g F ◆ 10 g KH

1 Gänsekeulen waschen, abtrocknen und mit Salz, Pfeffer und Zitronenschale einreiben. 2 El Öl erhitzen und die Keulen ca. 4–5 Minuten anbraten. Mit Thymian und Rosmarin bestreuen, zugedeckt ca. 30 Minuten schmoren.

2 Auberginen putzen, waschen und würfeln. Knoblauch schälen und würfeln. Tomaten 30 Sekunden überbrühen, häuten, entkernen und würfeln.

3 Pinienkerne in einer Pfanne ohne Fett vorsichtig rösten, herausnehmen und beiseite stellen. Restliches Öl erhitzen, die Auberginen darin goldbraun braten. Knoblauch und Tomaten zugeben und mitbraten. Salzen, pfeffern und zugedeckt ca. 10–15 Minuten schmoren lassen.

4 Basilikum und Petersilie hacken und bis auf 2 El unter das Gemüse rühren. Keulen mit dem Gemüse anrichten, mit restlichen Kräutern und Pinienkernen bestreut servieren.

Rezeptregister

Avocadosalat mit Rehfilet	60
Blattsalat mit Wachtelbrust	130
Charlotte vom Wildkaninchen	20
Ente mit Oliven	120
Ente mit Walnüssen und Granatapfelsauce	112
Entenbrust mit Zwiebeln und Äpfeln, gefüllte	148
Entenbrust mit Birnen	138
Entenleberparfait mit Traubenkompott	93
Entensalat	132
Fasan à la Normandie	104
Fasan auf Porree	116
Fasan mit Äpfeln und Maronenpüree	118
Fasan mit Holunderbeeren	103
Fasan mit Sprossengemüse	110
Fasan, marinierter	108
Fasan, Petersburger	112
Fasanenbrust im Pilzbett	132
Fasanenbrust mit Kartoffel-Buchweizen-Küchlein	140
Fasanenbrüstchen im Endivienmantel	144
Fasanenragout mit Morcheln	146
Fasanensuppe	90
Fasanensuppe mit Gemüse	99
Fasansuppe mit Linsen	94
Fasan „Toscana", gefüllter	109
Fasanen-Wirsing-Pastetchen	96
Gans mit Apfel-Kräuter-Füllung	127
Gans mit Wirsing	118
Gänsebrust mit Chinakohl	134
Gänsebrustfilet mit Orangen	140
Gänsebrust mit Paprika und Mango	158
Gänsekeulen, italienische	159
Gänsekeulen, knusprige	114
Gänsekeulen mit gedünsteten Feigen	146
Gänsekeulen, süß-saure	124
Gänsekeulen, ungarische	151
Gänseleber-Pastete	88
Gänselebersuppe mit Trüffeln	98
Geschnetzeltes von der Wildentenbrust	145
Hackbällchen vom Wild in Wirsingkohlblatt	71
Hase in Sahne	38
Hase nach Winzerart	41
Hasenkeulen, geschmorte	51
Hasenkeulen mit Knoblauch	44
Hasenmedaillons	64
Hasenrücken in Lebkuchensauce	57
Hasenfilets mit Kürbissauce	27
Hasentopf, würziger	72
Hirschbrust, gefüllte	44
Hirschgulasch mit Cashewkernen	74
Hirschkeule klassisch	53
Hirschkeule, marinierte	26
Hirschkoteletts, gratinierte	85
Hirschleber Waldhüterart	66
Hirschrücken mit Knusperkruste	46
Hirschpfeffer mit Backpflaumen in Printensauce	82
Hirschschlegel mit Preiselbeerschaum	36
Hirschsteaks, fruchtige	58
Hirschsteaks, gefüllte	82
Hirschstrudel mit Porree	70
Kaninchen in Basilikumsauce	30
Kaninchen in Bärlauchsauce	30
Kaninchen in Rotwein	35
Kaninchen in Senfsauce	33
Kaninchenfilet mit Artischockenpüree	66
Kaninchenfilets mit Pfifferlingen und frischen Feigen	68
Kaninchenleberparfait mit Balsamessig	22
Kaninchenragout, provenzalisches	56
Kaninchenrücken in Frühlingsrollenteig	43
Kaninchensalat „Hubertus"	63
Kaninchensalat, italienischer	73
Lasagne mit Wild	77
Leberspieße, pikante	76
Leberpastete mit Walnüssen	91
Martinsgans, flambierte	115
Rebhühner, apulische	107
Rebhuhn mit karamellisierten Äpfeln	124
Rebhuhn mit Oliven	117
Rebhuhn mit Balsamico	104
Rehblatt in Buttermilch	48
Rehfiletscheiben auf Toast	58
Rehkeule bürgerlich	38
Rehkeule mit Kräutern	50
Rehleber mit Rote-Bete-Carpaccio	65
Rehleberparfait	15
Rehnüsschen in Kartoffelteig	84
Rehnüsschen mit Kräutern	32
Rehrücken	52
Rehschnitzel	79
Reisfleisch vom Wildschwein	80
Rotkohlsuppe mit Fasan und Pflaumen	92
Salat mit gebratenem Hasenfilet, gemischter	62
Salat mit geräucherter Entenbrust	156
Samtsüppchen vom Hirsch	20
Sherry-Bouillon mit Hirschklößchen	16
Wachtelbrust mit Kirschen	136
Wachtelhäppchen, chinesische	135
Wachteln im Speckmantel	121
Wachteln mit Avocadopüree	106
Wachteln mit gedünsteten Trauben	150
Wachteln mit Steinpilzen	153
Wachtelpfanne, schnelle	142
Wachtel-Topf, römischer	126
Wildburger, gegrillte	78
Wildentenbrust auf Weinsauerkraut mit Trauben	154
Wildentenbrust in Fladenbrot	137
Wildentenbrust mit Chili	143
Wildentenbrust mit Weingelee	154
Wildentenbrüstchen mit Minze	152
Wildente im Mantel	102
Wildente mit Honigkruste	122
Wildgeflügelleber mit Ananas	131
Wildgeflügelpastete, schwedische	94
Wildkaninchen auf italienische Art	28
Wildrahmsuppe, feine	14
Wildschweinfilet mit Aprikosen	40
Wildschweinkoteletts	74
Wildschweinnacken mit Apfelkraut	34
Wildschweinpastete	17
Wildschwein-Rillettes mit rosa Pfeffer	23
Wildschweinrücken mit Feigen	42
Wildsülze mit Preiselbeer-Senf-Sauce	18